穿越历史的清风

——济南历史上的清官廉吏

济 南 市 纪 委 监 委
中共济南市委党史研究院 编
（济南市地方史志研究院）

清风

济南出版社

图书在版编目（CIP）数据

穿越历史的清风：济南历史上的清官廉吏／济南市纪委监委，中共济南市委党史研究院（济南市地方史志研究院）编．—济南：济南出版社，2024.7.—ISBN 978-7-5488-6685-5

Ⅰ．D691.49

中国国家版本馆 CIP 数据核字第 2024YA8825 号

穿越历史的清风——济南历史上的清官廉吏

CHUANYUE LISHI DE QINGFENG

JINAN LISHI SHANG DE QINGGUAN LIANLI

济南市纪委监委
中共济南市委党史研究院　　编
（济南市地方史志研究院）

出 版 人　谢金岭
责任编辑　范玉峰　董傲囡　尹海洋
装帧设计　安　宁

出版发行　济南出版社
地　　址　济南市市中区二环南路 1 号（250002）
总 编 室　0531—86131715
印　　刷　济南巨丰印刷有限公司
版　　次　2024 年 7 月第 1 版
印　　次　2024 年 7 月第 1 次印刷
开　　本　170mm×240mm　1/16
印　　张　18.5
字　　数　230 千
书　　号　ISBN 978-7-5488-6685-5
定　　价　86.00 元

如有印装质量问题，请与出版社出版部联系调换
联系电话：0531-86131736

《穿越历史的清风》编审委员会

序 言

"为政以德，譬如北辰，居其所而众星共之。"中国传统社会把为官者的道德素质放在首要位置，特别强调"政德"在治国理政中的重要作用。历代史志文献都记载了大量优秀官吏的从政经验和清廉故事，集中体现了古代官吏专业的职业操守与高超的政治智慧，他们的为官之道，包含着清正廉洁、勤勉政事、爱民礼士、自律守道等思想精华，是中华优秀传统文化的重要组成部分，承载着重要的社会功能，有着独特的文化价值。

济南是龙山文化的发祥地、齐鲁文化的承载地、儒家思想的传承地，作为历史悠久的国家历史文化名城、享誉中外的天下泉城、璀璨夺目的名士之城，龙山文化、大舜文化、名士文化、泉水文化、红色文化、黄河文化等，在这里交相辉映，为古往今来在济南的为官为政者，提供了丰富的精神滋养和厚重的历史底蕴。一代代清官廉吏在此播种耕耘，修政事、利民生、施仁德，留下了一段段感人肺腑的故事，描绘了一幅幅廉洁勤政的画卷，铸就了一座座立德立功立言的丰碑。

为深入学习贯彻习近平总书记关于"两个结合"的重要论述精神，创新文化"两创"实践，发挥历史"以史鉴今、资政育人"

作用，高质量推进新时代廉洁文化建设，济南市纪委监委与市委党史研究院（市地方史志研究院）在全市联合开展了"清风史话"主题史料征集整理编研工作。通过对所征集资料进行分类整理、编辑研究，编纂出版了《穿越历史的清风——济南历史上的清官廉吏》一书。书中精选了六十余位济南籍或曾仕于济南的历史人物，细述其为政之故事，细究其道理之所持，展现了他们清廉、勤政、直谏、爱民、自律的优秀品质。他们的名字或如雷贯耳，如柳下惠、曹操、曾巩等；或其名不显，如范讽、张敬等。无论是一方大员，还是郑板桥笔下的"些小吾曹州县吏"，他们都有着共同的特点，那就是廉洁奉公、勤于政事、爱民如子。他们不仅是廉政精神的践行者，为当时的社会树立了道德标杆，也是中华优秀传统文化的传承者，为后世的我们留下了宝贵的精神财富。

历史是一面镜子。进入新时代，古代官吏的诸多为官之道虽已失去赖以存在的制度基础与社会环境，但其中仍有不少主张、观念和思想具有长久的价值。通过这些历史人物不难看出：尚德，是为官者的灵魂，不德则无以修身；廉洁，是为官从政的基本要求，不廉则无所不取；勤勉，是历代官员的重要素质，不勤则无以成事。在新时代，全面整理传承古圣先贤、清官廉吏的嘉言懿行，深入研究宣传历史文献、文化典籍中的廉洁思想，推动中华优秀传统文化创造性转化、创新性发展，对提高党员干部自身政德修养，做到廉洁从政、勤勉从政具有非常重要的现实意义。广大党员干部当以史为鉴，时刻警醒自己，常修为政之德、常怀律己之心、常思贪欲之害，筑牢思想防线，恪守法纪底线，廉以修身、勤勉尽职、克己奉公，切实肩负起党和人民的重托。

"廉者，政之本也。"全面从严治党，既要靠治标，猛药去疴，重典治乱，也要靠治本，正心修身，涵养文化，守住为政之本。相信济南历史上的清官廉吏持廉守正的精神，可以穿越漫长的历史丛林，厚植新时代廉洁文化建设土壤，引领新时代的共产党人弘扬清风正气，敢于担当作为，在中国式现代化的新征程上奋勇前行！

编纂说明

一、本书的编纂坚持以马克思列宁主义、毛泽东思想、邓小平理论、"三个代表"重要思想、科学发展观、习近平新时代中国特色社会主义思想为指导，坚持辩证唯物主义和历史唯物主义的立场、观点和方法，坚持求真求实、质量第一、突出地方特色的编纂原则。

二、所选录人物时间上限原则起自上古，下限截至民国前。基础资料主要来源于各类地方志、地方通史和相关地方史志文献。

三、人物收录以现行行政区划范围为收录范围。收录济南籍在外地为官的历史人物及非济南籍，曾在济南为官或寓居、游历的官吏。

四、结构上采用条目体，一人一条，主要围绕清廉、勤政、直谏、爱民、自律等为政美德记述人物事迹及故事。

五、图片的选用注重存史性，兼顾美观，力求文图并茂，相得益彰。工作用图一般不注拍摄者，部分摄影作品注拍摄者。

六、济南市各区县纪委监委机关、各区县党史研究中心（地方史志研究中心）提供了部分历史资料，由编者对资料进行统一整编，根据本书需要选择收录。

目 录

虞 舜

"天下明德，皆自虞舜始"

舜帝是中华道德文化的始祖。《史记》所载："天下明德，皆自虞舜始。"舜帝文化精神之魂，可称为"德为先，重教化"，他是推动社会由野蛮走向文明的历史拨转时期的重要推手，是中华文化的一座里程碑。

虞舜

舜，传说中父系氏族社会后期部落联盟领袖。姚姓，一作妫姓，号有虞氏，名重华，史称"虞舜"，"三皇五帝"之一。

舜帝是中华道德文化的鼻祖。《史记》所载："天下明德，皆自虞舜始。"舜帝文化精神之魂，可称为"德为先，重教化"，他是推动社会由野蛮走向文明的历史掀转时期的重要推手，是中华文化的一座里程碑。

大舜选贤任能，举用"八恺""八元"等治理民事，放逐"四凶"，任命禹治水，完成了尧帝未完成的盛业。传说他巡狩四方，整顿礼制，减轻刑罚。要求人民"行厚德，远佞人"，"直而温，宽而栗，刚而毋虐，简而毋傲"，孝敬父母，和睦邻里。在其治理下，政教大行，八方宾服，四海咸颂舜功。《中庸》载："子曰：舜，其大知也与！舜好问而好察迩言，隐恶而扬善，执其两端，用其中于民。其斯以为舜乎！"

相传，舜执政后，有一系列的重大政治行动，营造出一派励精图治的气象。他重新修订历法，又举行祭祀上天、祭祀天地四时、祭祀山川群神的大典；还把诸侯的信圭收集起来，再择定吉日，召见各地诸侯君长，举行隆重的典礼，重新颁发。他即位的当年，就到各地巡守，祭祀名山，召见诸侯，考察民情；还规定以后五年巡狩一次，考察诸侯的政绩，明定赏罚，加强了对地方的统治。

传说中舜的治国方略还有一项是"象以典刑，流宥五刑"，即在器物上画出五种刑罚的形状，起警诫作用；用流放的办法代替肉刑，以示宽大。

舜与尧一样，同是先秦时期儒墨两家推崇的古时圣王。而舜对于儒家，又有特别的意义。儒家的学说重视孝道，舜的事迹也是以孝著称，所以他的人格形象恰是儒家伦理学说的典范。孟子继孔子之后对儒学的发展有巨大贡献，他极力推崇舜的孝行，而且倡导人们努力向舜看齐，做舜那样的孝子。他说："舜，人也；我，亦人也。舜为法于天下，可传于后世，我犹未免为乡人也，是则可忧也。忧之如何？如舜而已矣。"由于儒家的宣传，有关舜的传说事迹在中国文化传统中产生了极深刻的影响。

在济南地区有许多与舜相关的文化遗迹。济南古称历下，因历山而得名。舜耕于济南的历山，历代盛传，多见于记载。北魏

1930 年代的千佛山

史学家魏收曾任齐州刺史，赋《登齐州舜山》诗一首，今存。北魏郦道元《水经注·济水》则记载说："（历）城南对山，山上有舜祠……《书》舜耕历山，亦云在此……"北宋著名学者曾巩，熙宁五年（1072年）任齐州知州，作《齐州二堂记》一文，文中驳斥了郑玄主张的历山在山西的说法，指出历代地理图纪都说齐州的南山（千佛山）为历山，是舜耕作的地方。曾巩认为这是可信的。

济南以舜字命名的地名很多，舜耕小学、舜耕中学、舜耕路、舜井街、舜井等皆可考究，可见舜的影响之深。《水经注》又载："泺水谷谓之娥姜（英）水。以泉源的娥英祠故也"，是说趵突泉畔建有舜妻娥皇女英祠，泉水形成的渠溪名为娥英河。所以，泺水入古大明湖段又称娥英河，证实舜的家庭生活长期与济南历山、泺水有关联。从文献看，舜与济南历山的记载是最为丰实，而且是历代连续的。

千佛山景区的舜耕历山塑像

柳下惠

学开孔孟，圣之和者

　　我国古代早期执法严明的一位官员，是知己知彼退敌救国的爱国者，是从不降志辱身、永保洁德的正直官员，是坐怀不乱、名闻遐迩的正人君子，更是"和"思想的集大成者。

柳下惠

柳下惠（公元前720年—公元前621年），展氏，名获，字禽，又字季，鲁孝公六世孙。济南市平阴县孝直镇是其故里。柳下惠官至士师，食采柳下，是我国古代早期一位执法严明的官员，是知己知彼退敌救国的爱国者，是从不降志辱身、永保洁德的正直官员，是坐怀不乱、名闻遐迩的正人君子，更是"和"思想的集大成者。

一说起柳下惠，人们想到的只是他"坐怀不乱"的故事。对于这位中华民族的"圣人"、儒文化的先驱、和文化的代表的其他事迹，人们却知之甚少。

和圣柳下惠，故里位于平阴县孝直镇展洼村，是"学开孔孟"的儒家先驱，史称他"言伦行虑后周公，振兴于鲁邦；鄙宽薄敦先孔孟，师范于百世"，孔子誉其"言中伦，行中虑"，孟子则称赞他是"圣之和者"，把他与伯夷、伊尹、孔子相提并论。后人尊他为"和圣"。

中国政治之长治久安，历数千年，"和"之美德，值得称道。"和圣"柳下惠作为中华"和"文化的代表人物，堪称"中华和文化的人格象征"。

柳下惠反对一切不仁不义的战争。《春秋繁露》载，有次，鲁国国君问柳下惠："我要攻打齐国，你意下如何？"意思要柳下惠赞同，争取舆论支持。柳下惠说："我听人说，征伐人家的国家是一种不仁的举动，我们鲁国为什么要做这样不仁的事呢？"同样，在齐国攻打鲁国时，执政的臧文仲束手无策，问计于柳下惠。柳下惠遣其弟展喜于齐，以"义"服之，不战而屈人之兵，留下了"展喜犒师退齐师"的佳话。

柳下惠追求和平，不仅讲"义"，更讲"信"。《吕氏春秋》载："齐攻鲁，求岑鼎。鲁君载他鼎以往。齐侯弗信而反之，为非，使人告鲁侯曰：'柳下季以为是，请因受之。'鲁君请于柳下季。

和圣柳下惠的故里位于平阴县孝直镇展洼村

柳下季答曰：'君之赂以欲岑鼎也，以免国也；臣亦有国于此。破臣之国，以免君之国，此臣之所难也。'于是，鲁君乃以其真岑鼎入也。"鲁君为了免受齐国的攻打，便用偷梁换柱的做法，用赝品去贿赂齐国。柳下惠以为在国与国交往中，一定要讲信用，不讲信用，要比失去真的岑鼎损失要大得多。最终，鲁国将真的岑鼎送给了齐国。齐国守信放弃了攻打鲁国。在这里，柳下惠把信与国放到了同等重要的位置。

人际关系追求和谐。柳下惠认为作为一个君子应当"不羞污君，不辞小官"，他不以事奉污秽的国君而羞耻，不以官职卑微而推辞。"进不隐贤，必以其道"，在朝当官不隐蔽自己的才能，尽量做出贡献，但办事必须合乎原则。出身公门，贵为大夫，却不尚奢华，生活清苦，却安贫乐道；"遗佚而不怨，厄穷而不悯。"被遗不用而不怨恨，穷困潦倒而不忧愁，即使"与乡人处"，亦"由由然不忍去也"，与平常百姓同甘共苦。柳下惠的坚持正道而又宽厚随和的美德让"鄙夫宽，薄夫敦"，即让气量小的人变得宽宏大量，让刻薄的人变得敦厚慈祥。

不慕宝贵，不求闻达，淡泊名利，心如止水，一身正气，光明磊落。"坐怀不乱"更是柳下惠品德高洁、内心冲和的生动体现。相传，一个冬夜，柳下惠在城门外遇到一个女子，怕她冻伤，便使之坐入怀中，以衣裹之，竟宿而无非礼。

现在和圣故里还流传着另一个版本的故事：柳下惠在一庙中避风雪，一女子到庙中来，柳下惠怕夜里与女子独处一室有损女子名节，就到庙门口槐树下坐了一宿，以不乱礼法。

"外圆内方""和而不同"是柳下惠的性格特征和处事原则。

柳下惠讲"和"，更讲原则。他之所以不被重用，也因为他坚持正义，"直道事人"，在大是大非问题上决不迁就。他批评臧文仲祭祀一种叫"爰居"的海鸟，不注重人事，非为政之宜。批评夏父弗忌改昭穆之常，不合礼法。谏鲁君赂齐之鼎不能用赝品，讲求诚信，顾全大局。判犯罪的佐丁为"倡"（知法犯法的知识分子）。他在任职期间执法公允，正确量刑，把职责范围内的各种事情处理得井井有条，使得国内礼法昭然，民风淳朴。

正因柳下惠做事耿直，所以得罪了不少权贵，多次遭到贬抑，但他从不离开父母之邦，所谓"虽遭三黜，不去故国；虽荣三公，

和圣故里孝直镇

不易其介"。当时，有人问他："您为什么不离开鲁国呢？"柳下惠则说："直道而事人，焉往而不三黜？枉道而事人，何必去父母之邦？"他方正不阿，无论治世或乱世，都不改操守。

麦丘老人
三祝三谏，千古传唱

"桓公之所以九合诸侯，一匡天下，不以兵车者，非独管仲也，亦遇之于此。"

春秋战国时期，今济南市商河县属于齐国麦丘邑。在该县怀仁镇有一处省级文物保护单位，是一座著名的古城遗址——台子刘秦汉遗址。成语"麦丘三祝"即发源于此。西汉学者刘向编撰的一部以讽谏为政治目的历史故事类编《新序》中，曾经记载了齐桓公与麦丘老人"三祝三谏"的故事。

据载，齐桓公打猎时追逐一只白鹿到了麦丘邑，遇到一位老人。当得知这位麦丘老人已是八十三岁的高寿时，齐桓公便请求老人为自己祝寿。

麦丘老人举杯进酒，拜了又拜。说："使吾君长寿，金玉是贱，人民是宝。"意思是祝我们的君王长寿，不要把金玉当回事儿，而应把人民当作真正的宝贝。桓公说："您祝的好哇！寡人明白了。"

老人又捧杯进酒，说："使吾君好学士，而不恶问；贤者在侧，谏者得入。"意思是说，祝我们的君王要敬爱有学问的人，要耐

麦丘老人"三祝三谏"

心向他们请教；贤臣在身边，能正言规劝君王的人就能来！桓公高兴地说："好极了，看来我是碰到大德之人了，请老人家再祝如何？"

老人又捧杯，拜了拜说，"无使群臣百姓得罪于君，无使吾君得罪于群臣百姓。"桓公听后不悦，他认为此句祝词比不上前两句好，说道："我听说，做子女的会被父母怪罪，做臣子的会被主上怪罪，就没听说过主上还会被臣下怪罪的。您刚才的这句话，根本没法和前两句比，您改个说法吧！"老者潸然泪下，说："我刚才说的那句话，可比前两句值钱多了。儿女被父母怪罪，可以请姑母叔父求情，让父母不再记恨，父母还能原谅。臣下被主上怪罪，可以请主上的左右求情，而让主上不再记恨，主上还能原谅。可是，过去夏桀被商汤怪罪，殷纣被周武王怪罪，这就是主上被臣下怪罪的例子，他们是无法谢罪的，而且到今天也没听说被原谅过。"齐桓公说："非常好，很高兴在这里得到了您这样的人才。"说完扶着老者上了车，亲自驾车，在朝廷上行了封官之礼，让老者在麦丘做官，主持地方事务。

这就是麦丘老人"三祝三谏"的故事，老人以祝为谏所体现的思想弥足珍贵，麦丘三祝也成为直言之谏的代名词。这位没有留下姓名的老人，作

台子刘遗址

为商河先民的代表，形象鲜明。西汉时期的韩婴在其《韩诗外传》中记载此故事后深为感慨，亦称"桓公之所以九合诸侯，一匡天下，不以兵车者，非独管仲也，亦遇之于此"，作者虽然称道的是齐桓公的礼贤下士，但也从侧面反映出麦丘老人在君主面前敢于谏言，且谏之有道，这位商河先民智勇兼备的正面形象，至今仍然具有深刻的教育警示意义。

许 商
为民治水，千古留名

明崇祯《商河县志·舆地志》载："县治之设，肇自炎帝，历自累代，地凡几易，名凡几更，大都随实兴废，其之永久。自许商凿河除患，黎民赖之，思许君而不得，托名与河，以寄其思，商河之名遂至今不改。"

许商像

许商，西汉长安人，字长伯，研究《尚书》，擅长算术，著有《五行论》《许商算术》，是汉代著名的经学家、数学家，大小夏侯学派的传人之一。他曾四度官至九卿，弟子众多，曾为汉成帝的老师。公元前32年至公元前8年间，他多次成功主持了治理江河的工程，这与他的数学才能与管理运筹才能是分不开的。据记载，棣州西南八十里处的滴河县（今济南市商河县），正是因为"汉都尉许商凿此河近海，故以商为名，后人加水焉"。

西汉鸿嘉年间（公元前20年—公元前17年），黄河中下游连年洪水泛滥，尸横遍野，民不聊生，人们被迫背井离乡，四处流浪。朝廷也曾三番五次派员治理河道，因所派的尽是贪官污吏、庸碌之辈，不但没能救民苦难，还使得百姓如牛负重，难以生息。鸿嘉四年（公元前17年），暴雨连天，洪水咆哮，溢患四方，百姓妻离子散，哀鸿遍野，十分凄惨。朝廷委任许商任河堤都尉，责令他根治夹马河。许商带领随从日夜兼程，打道前往，不日来到鲁北境内。他不顾旅途劳累，立即对夹马河进行实地考察。

此时正是晚秋，本是一年中的黄金季节，这里洪水虽已退去，却依然满目荒凉，使人心惊。许商决心效仿大禹治水，疏通河道，为民造福。随从们在他的率领下四处奔波，看河道、查流向、探水深、画图纸，披星戴月，风餐露宿，忙得不可开交。古时的夹马河经现在的禹城、临邑、商河、滨州等地流入徒骇河，在这片土地上遍布许商的足迹。百姓见许商一身正气、两袖清风，为征服洪水不辞辛苦，都十分感动，纷纷起来响应。流落他乡的人们陆续回来重建家园。

艰苦的生活、繁重的工作，有的随从承受不了，便流露出抱怨情绪。有一次，一个随从说："我们的差事既苦又累、无名无利，这么干图个什么呢？"另一个也跟着发牢骚："是啊！好处没捞到一星半点，却累得七死八活，真是得不偿失。"许商十分严肃地对他们说："食国家的俸禄，理当为民造福。我们现在吃苦，是为了从根本上解除百姓的疾苦，让百姓有个安居乐业的栖息之地。我们绝不能有半点的非分之想。不管如何，我是横了一条心，不征服洪水誓不罢休！"随从们听罢深感惭愧。

许商身先士卒，带领随从和百姓们挖河道、筑堤坝，将洪水

许商治水的商河县今貌

引往渤海。他亲自参加每一项工程，栉风沐雨，披星戴月，常年工作在治水工地上，艰苦卓绝的奋斗精神得到了百姓的赞扬。三年过后，洪水直通渤海，不再泛滥成灾。百姓从此过上了安居乐业的日子。后来，人们为了纪念许商的功绩，将所凿之河更名为商河，麦丘城也改成了商河城。

唐李吉甫所撰《元和郡县图志》记载：滴河在汉成帝时河水泛滥成灾，河堤都尉许商凿此河通海，所以用"商"字为名。隋开皇十六年（596 年）在此置商河县。清及民国《商河县志》将许商列为名宦或宦绩之首。

明崇祯《商河县志·舆地志》，也介绍了商河名称的来历与许商有密切关系："县治之设，肇自炎帝，历自累代，地凡几易，名凡几更，大都随实兴废，其之永久。自许商凿河除患，黎民赖之，思许君而不得，托名与河，以寄其思，商河之名遂至今不改。后之邑大夫有能兴利除害如许君者，则其系民之思，如是也夫。"

徒骇河是流经济南市的一条重要河流，同时也是济阳区和商河县的一条界河，是"禹疏九河"之一

郑当时

郑庄推士，天下翕然

郑当时每逢上朝，遇有向汉武帝进言的机会，必称道天下年高望重的人。他推举士人，津津乐道。他从不对吏员直呼其名，与属下谈话时，谦和有礼。听到别人高见，便马上上奏，唯恐延迟误事，肴山以东广大地区的人们都众口一词称赞他的美德。

郑当时

郑当时，生卒年不详，字庄，西汉大臣，郑桓公十九世孙，陈县人，任侠善交，在梁、楚扬名。汉景帝时，任太子舍人。汉武帝时，历任鲁中尉、济南郡太守、江都相、右内史。

郑当时做右内史时，告诫属下官吏说："有来访者，不论尊贵或低贱，一律不得让人滞留门口等候。"他敬执主人待客之礼，以自己的高贵身份屈居于客人之下。郑当时廉洁自持，不添置私产，仅依靠官俸和赏赐所得供给各位年长的友人，而所馈送的礼物，也只不过是用竹器盛的些许吃食。

每逢上朝，遇有向汉武帝进言的机会，他便会称道天下年高望重的人。他推举士人和属下的丞、史诸官吏，委实津津乐道，饶有兴味，言语中时常称举他们比自己贤能。他从不对吏员直呼其名，与属下谈话时，谦和得好像生怕伤害了对方。听到别人有高见，便马上报告汉武帝，唯恐延迟误事。因此，肴山以东广大地区的士人和知名长者都众口一词称赞他的美德。

汲黯和郑当时是汉朝时的两位贤臣，他们在朝廷时都曾经位列九卿，很受重视。由于他们品行高尚，为官清廉，罢官之后，既没有权也没有钱，而以前位居高官时，每次熙来攘往的拜访人潮，也因而稀少。所以，当司马迁为他们作传时就指出，汲黯、郑庄那么贤良的人，都不免遭遇到有权势时宾客络绎不绝，失势时来访者就稀少的情形，更何况是一般人呢？

《史记》记载：西汉下邽县的翟公曾经说过，当我位居廷尉的时候，来拜访我的宾客极盛，好像把大门都塞满了。后来我失去官位在家的时候，大门外几乎可以张起捕捉雀鸟的罗网。后来

南宋宫廷画家的《汉宫秋图》（局部），正中端坐的即重用郑当时的汉武帝

我又复官当廷尉，那些宾客又急忙想来找我。于是翟公就在门上写了几个大字："一死一生，乃知交情。一贫一富，乃知交态。一贵一贱，交情乃见。"司马迁举这个例子说明，他们的遭遇正和翟公当时题在门上的话一样。

康熙《大清一统志》卷一百三十对郑当时的记载

韩 韶

重典治乱，辞官留驹

  韩韶与同为颍川郡人的钟皓、荀淑、陈寔等皆以清高有德行闻名于世，合称为"颍川四长"。《后汉书·循吏传序》："自章和以后，其有善绩者，往往不绝。如鲁恭、吴祐、刘宽及颍川四长，并以仁信笃诚，使人不欺。"

韩韶，字仲黄，颍川舞阳（今河南省漯河市）人，东汉桓帝时出仕。任郡吏，有政绩，继而被征入司徒府，曾在嬴县（今莱芜）任职。他公正廉明，尽心民事，视民苦如在己身，政绩卓著。

汉永寿二年（156年），泰山贼公孙举率数千流寇骚扰嬴县，守令因不能拒敌安民，多受制裁，朝廷命尚书府从三府（司徒、司马、司空）属员中，选择能治理民事又能拒寇入侵的官员，前往镇守。韩韶被封为"嬴长"到嬴县上任，他是莱芜历史上唯一的一位"嬴长"。

到县衙后，韩韶立即召见了守城将官和衙门捕头，分析了当前形势后，慷慨激昂地说："贼兵人多势众并不可怕，可怕的是兵民人心两向，纵容了贼兵的淫威，使百姓流离失所，对官府失去了信心。若要稳定局势，必须办好两件事：一是除暴安良，稳定民心；二是加固城墙，抵御贼寇入侵。只有安定团结，才能使百姓安居乐业，贼兵也会望风而逃。"韩韶说得出，做得到。他一面派人召集青壮年加固城墙，一面派出衙役捕头将趁火打劫、坑蒙拐骗的奸商斩首示众。六神无主的百姓见韩韶动了真格的，悬着的心放了下来，

韩韶赈济流民

今訪耆舊相傳或高清廉之風或篤匪躬之義或教育功溥或撫字心勞其迹若殊要皆為國為民赫然有聲者也錄之以表沒世不忘之意

韓韶 桓帝時為嬴長泰山琅琊賊公孫舉等聚衆至三萬人破壞郡縣連年討之不能克尚書選能治劇者以司徒掾潁川韓韶為嬴長賊聞其賢相戒不入嬴境餘縣流民萬餘戶入縣界韶開倉賑之主者爭謂不可韶曰長活溝壑之人而以此伏罪含笑入地矣太守素知韶名德竟無所坐韶與同郡荀淑鍾浩陳寔皆嘗為縣長所至以德政稱時人謂之潁川四長

范丹 桓帝時為萊蕪長所止單陋有時絕粒閭巷歌之曰甑中生塵范史雲釜內生魚范萊蕪

雷有終 太宗時為萊蕪尉發知監刘琪奸贓而代其任太宗聞其名召為大理丞

廉公謂 太宗時知萊蕪百姓歌之曰釜中生塵魚境內安以樂昔聞范史雲今見廉公謂德政清風二公媲美焉

卷之五 九

和道 延祐中知本縣簡重有容廉靜無私民為立碑頌德

李得 宣德間任知縣公廉謹恪政治有方扶滿民奏留在縣一十五年而卒

伍禮 景泰中知本縣政事文學為一時之最擢知曹州後歷任至尚書

田廣 天順間任知縣廉事勤敏儲蓄有方

馮永固 弘治間知本縣練達大体不拘小節民目為父母後擢常州府同知民立去思碑

何繼周 弘治中任知縣發奸摘伏事無留滞縣有刁民數輩皆置之法境内肅然嘗建書樓教授學子旱蝗祈禱有應政教之澤于今稱頌

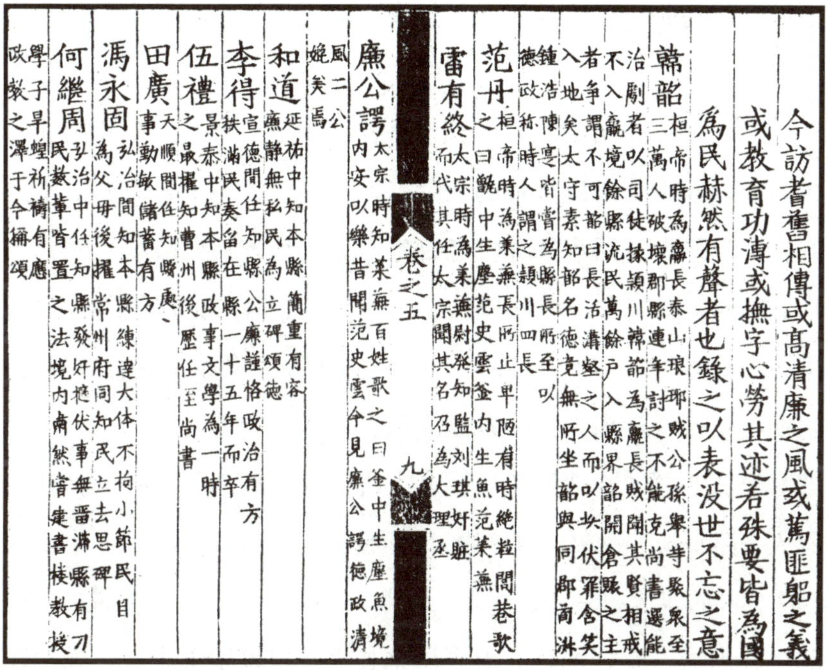

嘉靖《莱芜县志》对韩韶的记载

对他的号令言听计从，嬴城自此逐渐安定强盛起来。公孙举听说韩韶德高望重，除恶扬善，爱民如子，治城有方，一时心惧，传令手下兵将绕城而过，不得进占嬴城半寸土地。

随着城里的饥民越聚越多，韩韶亲自为他们安排住处，下令打开官仓，在街头巷尾开设粥棚赈济灾民。有人担心私自开官仓放粮，有杀头之罪。韩韶爽快地说：“用我一颗人头，保住数万人的性命，死而无怨！”百姓深受感动，主动组织强壮劳力加固城墙，自觉维护城里的治安。一时间，民心所向，使嬴城如铜墙铁壁，令贼望城胆怯，不敢近城半步。太守闻知韩韶一心为民，也没有治他私开官仓的罪。

韩韶骑来的牝马早怀有孕，到嬴县后生下一匹浑身无一根杂毛的枣红马驹，喜得韩韶合不拢嘴。他亲自给白马母子加料，珍爱如掌上明珠。

经过一系列的改革，韩韶把嬴城治理得民风纯正，道不拾遗，夜不闭户。因为夜以继日的操劳，韩韶病了，遍请名医调治不见好转，只好辞官回家休养。老百姓听说父母官回归故里养病，不约而同地聚集起来，攀辕卧辙，送了一程又一程，说不完的知心话，道不尽的感谢情。走走停停，天近午时，来到一条水涨流急的河边，不能再送了，韩韶含泪揖别众人道："送君千里终有一别，大家的好意我心领了，请回吧！"众人听了齐刷刷地跪倒磕头，祈祷恩人一路平安，祝福他身体康复再回嬴城。

韩韶看了大家一眼，指着白马身边的枣红马驹对众人说："此驹生在嬴城，吃嬴城草，喝嬴城水长大，应该留下来。"说着让人把小马驹拴留，跨马而去。

马驹恋母，母马恋驹，相互嘶鸣不已。人们万分感谢韩韶为民造福的恩情，将留驹处的河流取名为"嘶马河"，并树碑立传，以示纪念。其中一碑书曰："韩韶留驹处"。后来，人们感念韩韶，纷纷在此建房居住，聚而成村，村以河名，成了今天的嘶马河村。

《后汉书·循吏传序》："自章和以后，其有善绩者，往往不绝。如鲁恭、吴佑、刘宽及颖川四长，并以仁信笃诚，使人不欺。"其中提到的"颖川四长"，即：荀淑为当涂长、韩韶为嬴长、陈寔为太丘长、钟皓为林虑长。淑等都是颖川人，当涂、嬴、太丘、林虑，都是古县名。

范 丹

甑中生尘，釜中生鱼

在乐府古诗中，有首民谣赞颂范丹："甑中生尘范史云，釜中生鱼范莱芜。"范史云是一代廉吏典范。

范丹

范丹（112年—185年），一作范冉，字史云，陈留外黄（今河南省民权县）人，东汉名士，中国古代廉吏典范。汉桓帝时（146年—168年），范丹被任命为莱芜长，但因他要为母亲守丧而未到任。虽未赴任，但后人还是常以"范莱芜"称呼他。千百年来，范丹一直作为廉吏的楷模，为世人景仰。

甑尘釜鱼，是流传甚广的成语，其意指甑里积了灰尘，锅里有蠹鱼。形容穷困断炊已久，也比喻官吏清廉自守。范丹遭党锢之祸后，遁逃于梁沛之间，以"生不得匡世济时"为憾。他用小车推着妻子，徒行敝服，卖卜为生，或寓息客庐，或依宿树下，如此十多年。乃结草屋而居，所居单陋，有时绝粮断炊，但穷居自若。在乐府古诗中，有首民谣赞颂范丹："甑中生尘范史云，釜中生鱼范莱芜"，以范丹为廉吏典范。后来，汉灵帝解除党锢，太尉、司徒、司空三府交相举荐，范丹坚辞不就，于中平二年（185年）卒于家。

范丹一生念念不忘百姓疾苦。他自恨"生于昏暗之世，值乎淫侈之俗，生不得匡世济时"。他死前嘱咐儿子，死后要俭朴从葬，"敛衣足蔽形，棺足周身"就行。但当时他享有很高的声望，死后送葬者达两千余人。据载，范丹因遭"母忧"，实未到任莱芜长，但为什么莱芜后人给他建祠享受庙食？原因有二：一是范丹死后，汉大将军何进遗言陈留太守："累论谥法：清白守节曰'贞'，好廉自克曰'节'，范丹谥为'贞节先生'"；二是他"有德足以动人者"。范史云的品格，受到了当时以及后人的推崇和爱戴。当时朝廷有令，除允许保留王奂、范史云祠外，其他人不准建祠享受庙食。明嘉靖《莱芜县志》卷四记载："贞节先生祠，在县治西，祀汉莱芜长范丹，金大定间县令高永孚建，国朝弘治间知县何继周重修，春秋二祭。"

南朝宋时期史学家、文学家范晔作《独行传》，说史云耿介、性急。"常佩韦于朝，性不克改"，"偏至之端，近乎狂狷"，实为颂扬其不畏强暴、不流为俗的高贵品格。

金大定十二年（1172年），莱芜县令高永孚新建范丹祠，请济南名人范拱写了一篇《贞节先生祀记》（明嘉靖《莱芜县志·碑刻》载）。范拱，字清叔，济南人，博学善文，北宋末年中进士，调广济军曹，伪齐政权建立后，擢为中书舍人，后迁淄州刺史，世宗时授太常卿。范拱在任时曾多次进言请求给百

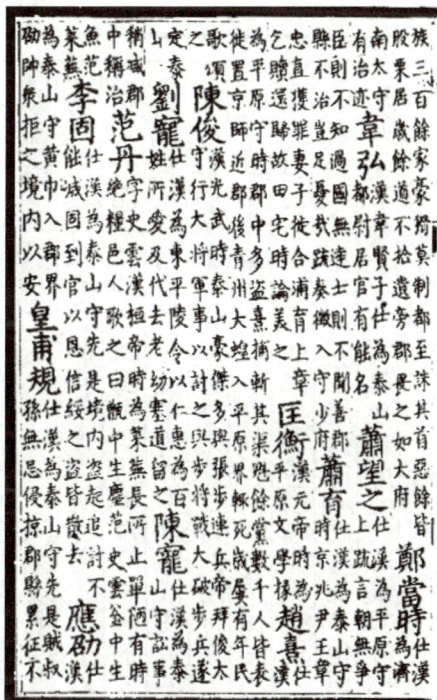

《寰宇通志》七十一对范丹的记载

方今車書混一萬國攸同咸聽於
聖天子之命固宜闢求賢之路宪安民之本定國基於
不挨者必有
朝廷大臣啟建學校以厲風俗擇守令而宣教化使先
王之道光演於
明時郁郁之聲流聞於四海致
吾君為堯舜之君澤吾民為堯舜之民而萊蕪一邑
來人材養教成就將見特起之士應時所選此肩繼
踵而出未必不由趙君始也邑人何辛為君諱高敬

《卷之七》　六

書
范貞節先生祀記
至元十七年夏六月初吉晚進王天挺祗謹記并
伯恭其字云

御史因逃避於徐沛之間徒行敝服賣卜於市適遇
廟是必有德足以動人者今丹雖有萊蕪命遭母憂不
怪者今丹洛陽嘗王奂祠二公有功於民皆享廟食無
卓茂朝洛陽嘗王奂祠二公有功於民皆享廟食無
昔漢之延熹中桓帝事薄老悉毀諸祠特詔密縣存

黨人禁錮遂推鹿車載妻子以行或寓客廬或宿樹
蔭如此者十餘年乃結草室而居邖止甲西窮居自
若及黨禁解為三府所辟乃應司空命又辟太尉府
竟以疾不行中平二年年七十四卒於家臨終謂其
子曰吾生於昏暗之世值淫侈之俗不得匡世濟時
何忍自同于人言訖而飲衣足蔽身棺足周
體于是三府各遣吏奔弔大將軍何進遺言陳留
太守累論諡法清白守節曰貞好廉自克曰節為貞
節先生會葬者二千餘人刺史郡守各立碑以表墓

《卷之七》　七

為此萊蕪所以有廟也普范丹甞作獨行傳引孔子不
得中行而與之必也狂狷乎今列范丹於此傳亦取
其偏至之端而已然丹豈不賢於中道哉觀其狷不
能從俗甞佩帝於朝而性不克改故列於獨行為大
定十二年萊蕪令高求平既新丹祠拱於是作詩以
侑其詩曰甑中生塵范之史雲史雲之德化及魯人
弦歌以來其樂欣欣簞食瓢飲喂喂巷安貧金中生魚
公在萊蕪萊蕪之邑密邇邹邾洙泗之風被之鄉閭
千古之下莫不宗儒

嘉靖《萊蕪縣志》錄范拱《貞節先生祀記》

姓减少税赋，使百姓得以休息。在《贞节先生祀记》一文中，范拱写道："今丹虽有莱芜命，遭母忧，不到官，安得邑有其庙，是必有德足以动人者。"此记最后有一首诗曰：

甑中生尘，汉之史云。史云之德，化及鲁人。

弦歌以咏，其乐欣欣。箪食瓢饮，陋巷安贫。

釜中生鱼，公在莱芜。莱芜之邑，密迩邦都。

洙泗之风，被之乡里。千古之下，莫不宗儒。

附 后汉·蔡邕《范丹碑》

　　先生讳丹，字史云，陈留外黄人，陶唐氏之后也。其在周室，有士会者，为晋大夫，以受范邑，遂以为氏。汉文、景之际，爰自南阳来家于成安，生惠及延。延熹贰年，官至司农廷尉。君则其后也。君受天正性，志高行洁，在乎幼弱，固已竷然有烈节矣。时人未之或知，屈为县吏。亟从仕进，非其好也。退不可得，乃托死遁去，亲戚晨知其谋，遂隐窜山中，涉五经，览书传，尤笃《易》《尚书》，学立道通，久而后归。游集太学，知人审友，苟非其类，无所容纳，介操所在，不顾贵贱。其在乡党也，事长惟敬，养稚惟爱，言行举动，斯为楷式。郡县请召，未尝屈节。甚有备礼招延，虚己迓之者，亦为谋奏，尽其忠直。以处士举孝廉，除郎中、莱芜长。未出京师，丧母行服。故事，服阕后还郎中，君遂不从州郡之政。凡其事君，过则弼之，阙则补之，通清夷之路，塞邪枉之门，举善不拘阶次，黜恶不畏强御。其事繁博，不可详载。雅性谦俭，体勤能苦，不乐假借。与从事荷负徒行，人不堪劳，君不胜其逸。辟太尉府，俄而冠带士咸以群薰，见嫉时政，用受禁锢。君惧其罪，闭门静居，九族中表，莫见其面。晚节禁宽，困于屡空，而性多检括，不治产业，以为卜筮之术，得因吉凶，道治民情，以受薄偿，且无咎累，乃鬻卦于梁、宋之域。好事者觉之，应时辄去。禁既蠲除，太尉张公、司徒崔公前后四辟，皆不就。仕不为禄，故不牵于位；谋不苟合，故特立于时，是则君之所以立节明行，亦其所以后时失途也。年七十有四，中平二年四月卒。太尉张公、兖州刘君、陈留太守淳于君、外黄令刘君佥休命，使诸儒参案典礼，作诔著谥曰贞节先生，昭其功行，录记所履，著旧，刊石树铭，光示来世。

莱芜境内秀美的香山

曹　操

一代国相掀起廉政风暴

曹操曾出任济南国相，开展了一场轰轰烈烈的以整顿吏治、禁绝淫祀为主要内容的廉政运动，在济南历史上留下了浓墨重彩的一笔。

曹操

曹操（155年—220年），字孟德，沛国谯县（今安徽亳州）人。东汉末年杰出的政治家、军事家、文学家、书法家，三国中曹魏政权的奠基人。他曾出任济南国相，开展了一场轰轰烈烈的廉政运动，在济南历史上留下了浓墨重彩的一笔。

东汉末年，政局风雨飘摇，民众水深火热，太平道首领张角领导的黄巾军起义在全国各地爆发。汉灵帝连忙调兵遣将分头镇压，时任骑都尉的曹操，率部与左中郎将皇甫嵩等人，合军镇压颍州黄巾军，因有军功，被提拔为济南国相。

当时，济南国下辖东平陵城、历城、邹平等十余县。按照东汉封国制度，国王臣民而不能治民，仅享受封国内赋税收入，王国的实际权力掌握在朝廷派遣到王国处理政务的国相手中。曹操到任后，决心大展身手，建功立业。

曹操上任后，首先是大刀阔斧整顿吏治。当时，地方吏治败坏近乎普遍现象，济南国尤为严重。当地官员不严于治理，反而多攀附权贵，巧取豪夺，压榨百姓。当时济南王刘康与朝廷权贵来往密切，又与当地官员结成同盟，致使历任国相施政束手无策，不是同流合污就是置之不问。面对这一局面，曹操在深入调查、摸清实情后，第一时间罢免八个县令，同时任命了一批德才兼备的属吏。此举一出，这些被地方官员袒护的豪强失去了保护伞，纷纷流窜他郡，济南王刘康也因之收敛起来，济南百姓无不称快。

自汉初以来，济南国淫祠盛行，尤其是城阳景王祠十分流行。曹操任济南国相做的第二件大事即捣毁祠庙，禁绝淫祀。城阳景王刘章是汉高祖刘邦之孙、齐悼惠王刘肥之次子。早在汉初，吕后临朝称制，大封吕氏。吕后死后，吕氏家族作乱。刘章与大臣周勃等平定叛乱，迎代王刘恒为帝，即汉文帝。刘章因平定叛乱和拥戴之功，被封为城阳王，都城在莒，即现今山东莒县。刘章死后，谥号为景，当地百姓尊称其为城阳景王。城阳景王刘章作为维护汉朝皇室、反对外戚的功臣，随着时间的推移，逐渐成为民众心中的保护神，一些地方开始为他修祠祭祀。

当时，城阳国与济南国相距不远，城阳景王祠在济南国逐渐流行开来，至东汉末年，济南国祭祀城阳景王的祠庙便多达六百余座。此时，城阳景王祠庙的性质、功能也发生了变化，最初仅是作为纪念城阳景王功绩的祠庙，后来被一些地方用为询问吉凶、祈福驱邪的去处，每年举办庙会。每当庙会之日，百姓就会组织队伍，击

曹操

鼓宰羊，祭神讴歌，迎送城阳景王。但是，一些祠庙为当地的豪绅操控，他们打着为百姓祈福祛灾的旗号，年复一年地大搞庙会，欺诈民众，既劳民伤财，又暗含不安定的因素。

曹操任济南国相时，正值黄巾军起义，他担心黄巾军利用城阳景王聚众闹事，便大胆革新，禁止再建新祠，对于已建的祠庙，下令强行毁坏拆除，杜绝官吏百姓祭祀，废除"奸邪鬼神"之事，淫祠由此断绝。曹操断绝淫祠的举动整饬了济南国的风气，受到了百姓的欢迎。

曹操在济南整顿吏治、禁绝淫祀，使得济南"郡界肃然""政教大行，一郡清平"，充分彰显出他非凡的胆识魄力和政治才干，也被一代代济南人所传颂。

（据《济南历史文化故事》事件揭秘篇整理）

羊 祜

清廉谦恭，以德怀柔

人事有代谢，往来成古今。江山留胜迹，我辈复登临。水落鱼梁浅，天寒梦泽深。羊公碑尚在，读罢泪沾襟。

——孟浩然《与诸子登岘山》

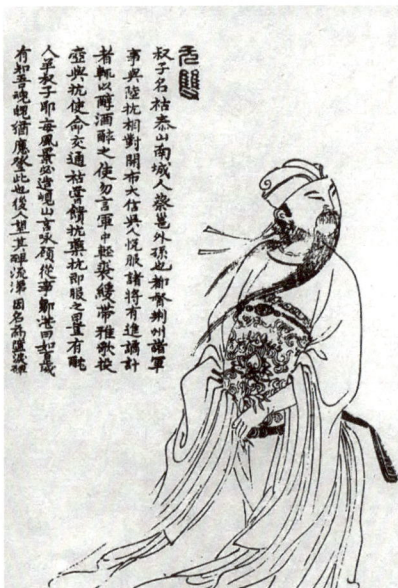

羊祜像，取自康熙中叶刻本《南陵无双谱》

羊祜（221年—278年），字叔子，兖州泰山郡南城县人。莱芜城南羊庄村及城北羊里镇与羊丘山，世传为羊祜居地。西晋时期杰出的战略家、政治家、文学家，曹魏上党太守羊衜之子，汉末才女蔡文姬的外甥。他历任曹魏中书侍郎、给事中、黄门郎、秘书监、相国从事中郎等职，西晋建立后，升任尚书左仆射、卫将军。

羊祜出身于汉魏名门士族"泰山羊氏"。从他起上溯九世，羊氏各代皆有人出仕二千石以上的官职，并且都以清廉有德著称。羊祜祖父羊续，汉末曾任南阳太守，父亲羊衜为曹魏时期的上党太守，母亲蔡氏是汉代名儒、左中郎将蔡邕的女儿，姐姐羊徽瑜嫁与司马懿之子司马师为妻。

羊祜十二岁丧父，孝行哀思超过常礼。奉事叔父羊耽十分恭谨。据说他年少时曾在汶水边上游玩，遇见一位老人对他说："你这孩子相貌不凡，不到六十岁，必然为天下建立大功。"

羊祜长大后，博学多才，善于撰写文章，而且仪度潇洒，身长七尺三寸，须眉秀美，长于论辩。泰山郡将夏侯威认为他不同常人，把兄长夏侯霸的女儿嫁给他。羊祜被荐举为上计吏，兖州州府四次征辟他为从事、秀才，五府（古代五种官署的合称，所指不一）

也纷纷加以任命，但羊祜都拒绝就职。

西晋建立后，因为羊祜有扶立之功，被进号为中军将军，加散骑常侍，晋爵郡公，食邑三千户。羊祜怕引起贾充等权臣的妒忌，坚决推辞公爵，只接受本爵钜平子晋封为钜平侯的诏命，同时设置郎中令，备设九官之职，并授给他的夫人印绶。

西晋初年（266年—274年），晋武帝司马炎下诏：统领国家机关，协调礼、教、刑、政等各部门的工作，是朝政的根本要务。羊祜德操清美，忠贞而坦诚，纯正而才高，是文武兼备的人才，为人又很正直，虽在宫廷任要职而不掌管国家机要，这不符合圣君必委任贤人垂拱无为而治天下的要义，任命羊祜作尚书右仆射、卫将军，配置本营军队。当时，王佑、贾充、裴秀等人均为前朝名高望重之臣，羊祜每每对他们心存谦让。

司马炎素有吞吴之志，便积极筹划消灭孙吴政权的战争，以实现统一全国的大业。他特地调任羊祜为都督荆州诸军事、假节，并保留他散骑常侍、卫将军原官不变。当时，西晋和孙吴各有一个荆州，形成南北对峙的局面。西晋的荆州包括今陕西、河南的一小部分和湖北北部地区。吴国的荆州则有今湖北和湖南的大部分地区。晋吴间的边界线以荆州为最长，所以这里是灭吴战争的关键地区。羊

羊祜像

祜到任后，发现荆州的形势并不稳固。不但百姓的生活不够安定，就连戍兵的军粮也不充足。于是，羊祜首先把精力放在开发荆州上。羊祜大举兴办教育，救济百姓，安抚流民。他与吴国人开诚相待，凡投降之人，去留可由自己决定。他还禁止拆毁旧官署。当时风俗，官长如果死在官署之中，后继者便说居地不吉，往往拆毁旧府，另行修建。羊祜认为，死生有命，不在居室，命令下属，一律禁止。羊祜把军队分作两半，一半执行巡逻戍守的军事任务，一半垦田。当年，全军共垦田八百余顷。羊祜刚来时，军队连一百天的粮食都没有，到后来，粮食积蓄可用十年。羊祜的这些措施迅速地安定了荆州的社会秩序，增强了军队的战斗力。司马炎为表彰他的功绩，下令取消江北所有的都督建置，授予羊祜南中郎将的职务，负责指挥汉东江夏地区的全部军队。

莱芜古村落选录自《凝固的音乐——莱芜市古建筑集锦》

雜著

叙曰文不足以闚世教雖風雲月露之奇連累童牘宜雕虫之技爾羔之著作在古豈無可觀第邑乘無傳不可得而知也惟有先哲牧子二章忠愛之言懇切衷赤錄之以爲世教云

羊祜與從弟書

吾以布衣素荷重任每以尸素爲媿大命既隆惟江南未夷此人臣之責是以不量兩能舉力是會當慮朝廷之威賴士夫之謀以余克之牽除萬世之患年已

師也聖主明恕當不奪微志耳

朽老既定邊事當有角巾東路還歸鄉里於墳墓側爲容棺之墟假日視息思於後生味道此吾之至願也以凡事而居重位何能不懼盈滿以責邪疏廣吾

題晋太傅羊祜碑

孫楚

稟二儀之純靈膺造化之冲氣識吳之略以爲孟地奪敵人之資雖精研軍政用思咸然萊子服膏腴之獻營虎牢而鄭人懼晏翁城東陽而萊子服膏腴之闡揚典訓是以縉紳之士鱗集仰化雲翔衡門雜沓

嘉靖《莱芜县志》载《羊祜与从弟书》

羊祜在军事上深谋远虑，时刻不忘以平定东吴、统一全国为己任。在做好灭吴准备之后，他回洛阳晋见武帝，请求伐吴，但不久于咸宁四年（278年）十一月病重而卒。羊祜死后，举国哀伤。晋武帝按羊祜计划派兵伐吴，不到四个月即灭吴国，完成统一大业。

羊祜为人清廉节俭，服饰简易朴实，所得俸禄都用来接济亲族，赏赐军士，家中无余财。他临终遗嘱，不能将南城侯印置入棺材。从弟羊琇等向司马炎陈述羊祜平生的志愿，要求葬在先人墓旁，司马炎不许，将离洛阳城十里外的一顷地赐给羊祜作墓地。羊祜的灵柩及送葬队伍出发时，司马炎在洛阳的大司马门南边奠祭送行。羊祜的外甥、齐王司马攸又表称羊祜之妻夏侯氏愿以侯礼安葬羊祜的意见，司马炎下诏说：羊祜生前多次辞让官爵，此意不可勉强。身虽死而谦让之德存，更能激励后人，伯夷、叔齐因辞让而称贤，季札因辞让而全节，正是这个原因。现恢复羊祜原来的封爵，以表彰其高风美德。

羊祜居官显要，清廉正直，经常向晋武帝推荐有德才的人才担任要职而不让被提拔的人知道，多次辞谢晋武帝封赏的功爵勋位。晋咸宁三年（277 年），晋武帝诏合泰山郡之南城、南武阳、牟、梁父、平阳五县为南城郡，封羊祜为南城侯，羊祜推让多次，武帝不得已而允许，南城郡遂废除。其中牟县在今莱芜东部，为当时羊祜封地之一。今羊里村西北 250 米处仍有"羊祜大寨"遗址。

赵　轨

使儿还葚，清水别驾

"别驾在官，水火不与百姓交，是以不敢以杯酒相送。公清如水，请酌一杯水奉饯。"

赵轨（生卒年不详），字玄轨，隋代河南洛阳人。隋文帝时，赵轨曾任齐州（今济南）别驾（官职，州刺史的佐官）。他的父亲赵肃是后魏的廷尉卿，精明强干，为官清廉，不营产业。赵轨受父亲影响，年少好学，行为检点，做官之后也以清正廉明、为民谋利而著称。北周的蔡王引荐他做了记室，因守贫刻苦而知名。后升官为卫州治中。

赵轨在齐州任职四年，工作勤奋，政绩突出，政绩考核年年第一，受到隋文帝嘉奖，被调回京师做官。赵轨即将启程离开时，当地百姓纷纷赶来送别。一位老人捧着一杯清水，颤抖着双手敬奉到赵轨面前，激动地说："别驾在官任，水和火的小事都不触犯百姓，因此不敢用一壶酒送别您。您清廉像水，我们斟上一杯水献上饯行。"赵轨听罢十分感动，接过水来，一饮而尽，然后与齐州百姓挥泪告别。

赵轨在原州（今宁夏固原）任职时，有一次与部下深夜外出执行公务，由于看不清前方道路，他部下的马匹误入农田之中，践踏了百姓的庄稼。赵轨发现后，就命令部下停在原地，不再继续赶路，等了整整一夜，待到天明，查找庄稼的主人，赔偿了庄稼的损失之后才离开。原州的官吏和百姓知道这件事后，深为感动，也深受教育，都以赵轨为榜样，检点自己的行为，培育良好的操行，原州的

民国风俗画上反映的赵轨轶事典故

社会风气明显好转。

有一年秋天，赵轨的老朋友得知赵轨习惯深夜读书，并点燃沉香熏屋，帮助清醒头脑。于是，朋友给赵轨送来一斤沉香。赵轨便讲了一则旧事，借题发挥，委婉地拒绝了这份珍贵礼物：

"我家东邻桑树上的桑葚熟了，又大又红，落在我家院子里，满地都是。我赶紧叫家人把桑葚捡起来送还邻居。并借机教育儿子：我绝不是借此谋求虚名，只是这不属于自己的劳动果实，我们怎么能随便据为己有。你们要以此为戒。"

道光《济南府志》卷三十三对赵轨的记载

不久，赵轨转任寿州（今安徽寿县）总管长史。在寿州，赵轨注重水利基础设施建设，发展农业生产，为百姓办了许多好事实事。寿州境内有个地方叫芍陂，先前有五门围堰，灌溉土地，是春秋时期修建的水利工程，但此时，由于年久失修，五门堰破败不堪，杂草丛生，起不到水利灌溉的作用。赵轨经过实地考察，发动当地百姓和官吏，不但将原来的五门堰重新修葺，而且又开辟了三十六门围堰，灌溉田地多达五千多顷，收到了很好的效果，促进了当地农业的发展，寿州百姓深得其利。这项工程直到宋朝还发挥着灌溉农田的作用，正所谓功在当代、泽被后世。

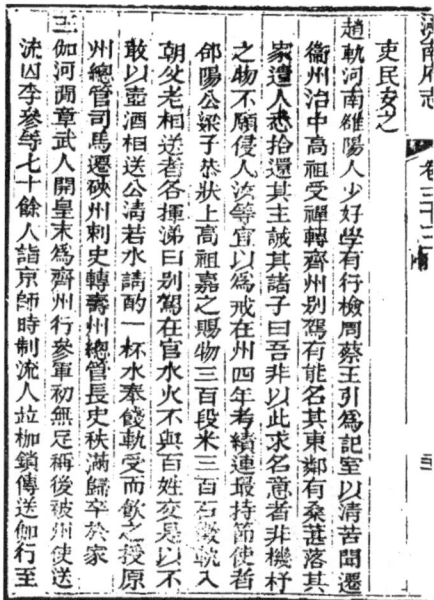

　　赵轨为官期满后告老还乡，在家中去世，享年六十二岁。他的两个儿子，深受熏陶，为人检点，处世谦恭，受到时人称赞。赵轨一生"以清苦闻"，他以清廉刻苦著称，留下了清廉如水的美名，为后人所景仰。

济南城区内秀美如画的凤凰湖水

房彦谦

人因禄富，我独官贫

《隋书》载："尝从容独笑，顾谓其子玄龄曰：人皆因禄富，我独以官贫。所遗子孙，在于清白耳。"

房彦谦像

房彦谦（547年—615年），字孝冲，隋朝齐州（今济南）人，祖籍清河（今河北省清河县北），父房熊，曾任郡守。房彦谦幼年丧父，在母亲、兄长抚养下成人。他天资聪颖，好学强记。《隋书·列传卷三十一》载，房彦谦自幼丧父，哥哥房彦询觉得弟弟"天性聪颖有悟性"，便教他读书写字，以致房彦谦七岁就"诵数万言"，亲戚朋友都认为这孩子很奇特。房彦谦十五岁过继给叔叔房子贞，他精心侍奉继母，后为继母守丧五天不进食；"遇期功之戚，必蔬食终礼，宗从取则焉。"意思是，遇到亲戚的丧期，必定以粗米、草菜为食，尽到礼节，宗族中的人都以他为榜样。

房彦谦十八岁给时任齐州刺史的广宁王高孝珩做主簿，初入仕途就处在官场纪律松弛、"州郡之职尤多纵弛"的环境中，但他能"清简守法"，令同行肃然起敬。开皇七年（587年），房彦谦因政绩突出被提升承奉郎、监察御史。任秦州总管录事参军时，深受左仆射高颎嘉许，高颎对全国各州总管、刺史说：与你们谈话，不如单独跟房彦谦聊。

隋文帝仁寿二年（602年），房彦谦从泰州调任长葛县令，因勤政廉洁，一心为民，深受百姓爱戴，被老百姓称为"慈父"，其德、能、勤、绩综合考核为天下第一。朝廷提拔他任都州司马时，长葛县的官吏百姓悲伤大哭："房明府今去，吾属何用生为！"老百姓给他立碑颂德。连一代文宗、内史侍郎薛道衡和黄门侍郎张衡对他也"深加友敬"。隋朝末年，烽烟四起、军阀混战，朝臣们大多改变节操。但房彦谦却"坚守正道，有如平常"。

房彦谦本是"家有旧业、资产素殷"的"富二代"，加上做官所得俸禄，本该充盈有余，但房彦谦"皆以周恤亲友，家无余财，车服器用，务存素俭"；从少年到成年，他的一言一行，从不涉及私人的事；虽生活拮据，却怡然自得。他曾经和其子房玄龄说过："人皆因禄富，我独以官贫，所遗子孙，在于清白耳。"房彦谦虽没给儿子留下巨额家产，但他清白做人，清白做官，清白交友，清白持家，潜移默化地影响了儿子房玄龄。房彦谦对子女的"清白"之爱，即是留给后人最珍贵的遗产。

房彦谦写文章，气派宏大，风格典雅；他还擅长隶书，有人能得到他的书信，都视若珍宝，悉心收藏，但他从来不用文章和书法换钱。家中入不敷出，却常常高朋云集，冠盖相望，但他始终坚持谨慎交友，所交朋

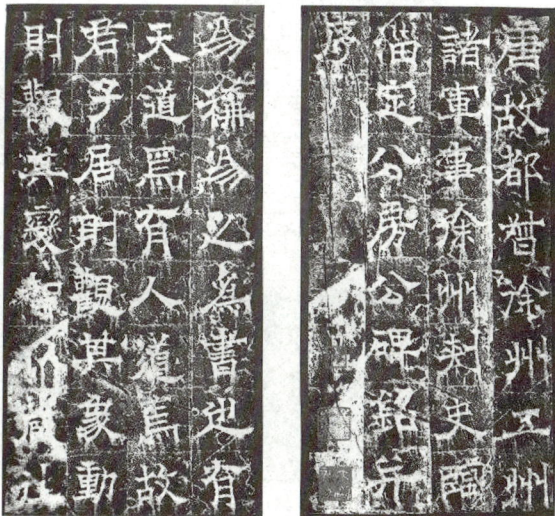

欧阳询书《房彦谦碑》，刻于唐贞观五年（631年），现存于历城区彩石街道东北小龙堂村赵山房彦谦墓前

友都为一时著名的高雅清俊人物,没有一个品德低下、行为卑劣的,"有识者咸以远大许之"。

大家族的文化熏陶和动荡的政局变换,铸就了房彦谦的清正品格和娴熟的从政能力。房彦谦娶出身陇西的李氏为妻,生下独子房玄龄。房玄龄为唐朝开国时期的主要谋士之一,被唐太宗认为是开国第一功臣,并在贞观时期总领朝政二十余年,是唐朝任期最长的首辅。

贞观五年三月,房彦谦归葬于齐州赵山之阳,即今济南市历城区彩石街道西彩石村北。

房彦谦墓

段志玄

木心石腹，忠勇志士

男儿何不带吴钩，收取关山五十州。请君暂上凌烟阁，若个书生万户侯。

——唐·李贺《南园十三首·其五》

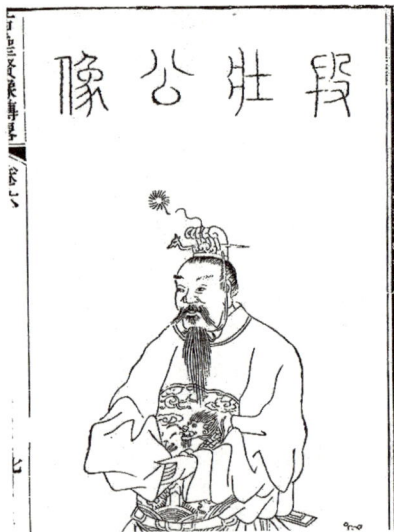

段志玄

段志玄（598年—642年），本名段雄，字志玄，齐州人，祖籍武威郡姑臧县（今甘肃武威市凉州区）。唐初名将，并州法曹参军段偃师之子。

段志玄身材伟岸，气宇轩昂。随父客居太原，参加晋阳起兵，隶属于秦王李世民部下，擒获名将屈突通。随李世民平定洛阳王世充，后升任秦王府右二护军，拒绝隐太子李建成的引诱。参加玄武门之变，拥戴秦王李世民即位，拜左骁卫大将军，册封樊国公。出任西海道行军总管，征讨吐谷浑，迁右卫大将军、褒国公、金州刺史，加号镇军大将军。贞观十六年（642年）病逝，获赠辅国大将军、扬州都督，谥号忠壮，陪葬于昭陵。

大业十三年（617年），唐高祖李渊在晋阳（今山西太原）起兵反隋。段志玄募兵千余人，被授为右领大都督府军头，并担任先锋，夺取霍邑（今山西临汾）、绛郡（今山西新绛），攻打永丰仓（在今陕西大荔），累功至左光禄大夫。后来，段志玄随刘文静到潼关抵御屈突通。刘文静被桑显和偷袭，军营溃散。段志玄率领二十余骑冲阵，连杀数十人，身中流矢，仍三次冲入敌阵。最终，唐军军心大振，桑显和大败。不久，段志玄与诸将追擒屈突通，因功授乐游府骠骑将军。

武德九年（626年），太子李建成欲谋害李世民，以重金贿赂

輔國大將軍褒國公段志玄

齊州臨淄人破竇建德平東郡以功進左驍衛大將軍封樊國公實封九百戶貞觀十三年命為金州刺史國子襲辭不就加鎮軍大將軍贈輔國大將軍諡曰壯肅

伴阮源

凌烟閣二十四功臣像之段志玄

段志玄，企图诱其归顺。段志玄拒不接受，并将此事告知李世民，后与尉迟敬德等人发动玄武门之变，诛杀李建成、李元吉。不久，李世民登基，段志玄迁任左骁卫大将军，封樊国公。

长孙皇后出葬时，段志玄与宇文士及分别统领兵马守卫肃章门。太宗在夜晚派遣使者到达他们两人驻所，宇文士及开门放行，段志玄则闭门不让使者进来，并道："军门夜晚不能开。"使者道："我有皇帝的手敕。"段志玄道："夜间难辨真伪。"使者无奈，只好等待到天明。太宗听说后，称赞道："这是真正的将军，周亚夫也不过如此。"

贞观十七年（643 年），唐太宗为纪念当初一同打天下的诸多功臣，命画家阎立本在凌烟阁内描绘了二十四位功臣的画像，段志玄位列其中。

崔 从

明达政事，公廉生威

崔从每到一地，每任一职，都认真细致，清除歪风邪气，树立为官清廉的榜样。史载他"阶品合立门戟，终不之请。四为大镇，家无妓乐，士友多之"，被誉为一代忠贞廉臣。

崔从（761年—832年），字子义，唐代齐州全节人（今济南章丘），一生为官清廉，颇有事功，得到朝廷的称赞和百姓的拥护，被称为一代忠贞廉臣。

崔氏在历史上是望族，崔从的父亲崔异官至渠州刺史，赠太傅。崔从生长在书香门第，受优良的家风影响，特别注重气节与操守。唐德宗贞元初年（785年），崔从考中进士，被任命为山南西道推官。尚未上任母亲却病故，他与哥哥在母亲的坟墓旁建造庐舍，亲手种植松柏，守墓尽孝。

崔从守孝期满之后，时任剑南西川节度使的韦皋奏请朝廷，让崔从掌管西山运粮事务，后又让其代掌邛州（今四川临邛）事务。崔从为官认真负责，在清查邛州狱旧案时，不放过任何有疑点的案件，终使真凶归案，令沉冤得雪。唐顺宗永贞元年（805年）韦皋去世，节度副使刘辟意图谋反。出兵之前，刘辟试图拉拢一些地方官员与其同谋，其中就包括崔从。被崔从严词拒绝后，刘辟恼羞成怒，竟出兵攻打邛州。崔从坚守城池，奋力抵抗。后名将高崇文平定蜀地叛乱，同谋者大多被判死刑，崔从因抵抗叛乱有功被召入朝，任职吏部员外郎。

唐宪宗元和四年（809年），成德镇节度使王士真死后，其子王承宗欲承袭官位，擅自进攻德州（今山东德州市陵城区），后又以缴纳贡赋、接受朝廷委派官吏作为条件，迫使唐宪宗任命自己为成德节度使。宪宗为解决河北诸镇长久以来父子沿袭的弊端，再次对成德镇采取行动。王承宗遂遣送两个儿子入朝做人质，并上奏请求交付德州、棣州（今山东滨州惠民县）二州版图以表明其悔过的诚意。宪宗遂派崔从为使臣，前往宣谕诏书。当时，朝

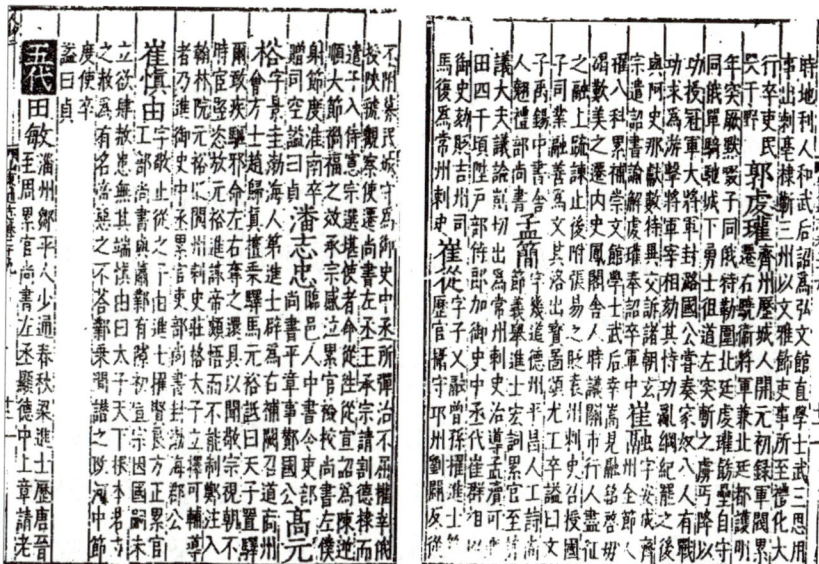

嘉靖《山东通志》卷二十九对崔从的记载

中大臣都认为王承宗奸诈成性，他送来的两个儿子可能跟他毫无血缘关系，担忧崔从此行凶多吉少。刺史田弘正打算调拨五百战骑保护他，被崔从婉言谢绝，只带随从数十人上路。崔从到达后集合三军，朗声宣读诏书，晓谕逆顺之利害，陈词慷慨激烈，军兵无不感动，就连王承宗本人都流下了眼泪，待他更加礼貌恭敬。最终崔从顺利地将德、棣二州符印收回，不辱使命，得到朝廷上下的赞赏。

长庆二年（822年），崔从担任检校礼部尚书、鄜州（今陕西富县）刺史、鄜坊（治鄜州）丹延节度使等职。当时鄜州因治兵不严，士兵时常违犯禁令，接连几任州官都未能有效制约。崔从任职后，对他们或安抚遏制或检举上奏，皆妥善处置，军士们十分信服，军纪重归严整，辖区恢复正常秩序。崔从属地之内常有党项、羌族等携带羊马前来贸易，依照旧例，他们需先贿赂帅府守卒，崔从知晓后，概不允许收受任何物品，风气为之一新。

大和四年（830年），崔从任检校左仆射，兼扬州大都督府长史、御史大夫，充淮南节度副使，知节度事。按旧制，扬州境内凡交易资产、奴婢皆须按值纳税，百姓养羊须按数量缴纳羊头税，官府还通过酒曲专卖以获利，每年收到的利钱供扬州府自行使用。崔从上任后，大刀阔斧地将这些全部予以取消，切实减轻了百姓负担，得到当地百姓的称赞和拥护。

崔从为人刚正不阿，宰相裴度推荐他代为御史中丞。作为御史，崔从更加严格要求自己，在朝堂之上态度严肃，庄重不可侵犯，即使是宣读弹劾奏章亦不避宠臣权贵。他选人用人坚持任人唯贤，选拔征召御史必取德能兼备之人。崔从的做法得到皇帝的肯定，后官至尚书右丞。此时有人暗示崔从应趁此时机贿赂朝中权贵，以谋求宰相之职，崔从不肯，最后为相一事不了了之。崔从始终恪守族训，保持着"以科第入世，以成就事业，以文学名世，以树德建言"的家族门风。

崔从每到一地，每任一职，都认真细致，清除歪风邪气，树立为官清廉的榜样。史载他"阶品合立门戟，终不之请。四为大镇，家无妓乐，士友多之"。崔从恭敬谦让自处，不结交权贵，忠厚端庄，为人正直，世人皆多仰慕，被誉为一代忠贞廉臣。

大和六年（832年）十月，崔从去世，朝廷赠其封号司空，谥号为贞。

高汉筠

正告诱惑，"吾有正俸"

《旧五代史·晋书》中记载，高汉筠在襄州供职时，有位恶吏私赠白金五百两。高汉筠说："你不是多剥削农民，就是多榨取了商贩，吾有正俸，此何用焉！"

　　高汉筠（873年—938年），字时英，五代齐州历城人。早年就读于长白山书院，致力于科举功名。唐末政治腐败，藩镇战乱不已，高汉筠感叹乱世书生无用，遂投笔从戎，充为卫州（治今河南汲县）牙校。唐昭宗天祐年间，升为名州（治今河北永年东南）都校。后唐建立后，庄宗李存勖改常山为北京，任高汉筠为皇城使，检校兵部尚书、左骁卫将军同正。明宗即位后，授高汉筠为德州节度副使，后移镇襄州，权知军州事。明宗长兴年间（930年—933年），历任曹、亳二州刺史，检校司徒，行左金吾卫大将军。

　　高汉筠为官清廉，据《旧五代史·晋书》记载，他在襄州供职时，有位恶吏私赠白金五百两，他说："你不是多剥削农民，就是多榨取了商贩，吾有正俸，此何用焉！"将五百两白金悉数上缴朝廷，

唐代绘画中的官员形象

授中書侍郎兼門下章事俄判刑部偷書加右僕射集賢殿大學士漢
漢高祖作鎮幷門奏爲判開運末契丹入汴漢祖從幸至晉陽
接物克構父業以五經中第辟遼州節度巡官歷青郎從事至戶部郎中
學稱於鄉里唐末九經爲輔唐令累贈太師珪性謙和虛襟
蘇禹珪字元錫其先出武功後家密州遂爲密州人父仲容以儒
開封少尹
嘗有非法之言素以清白自負爲五代良二千石子貞文仕宋至
省使天福三年年六十六漢筠性寬厚偉容甚偉歷戎職未
耳漢筠促騎以還高祖入洛飛詔徵之壽遷左驍衛大將軍內客
投刃於地曰高金吾累宿德不可枉殺承肇懼乃謝曰與公戲
筠曰老夫耄矣不敢首爲亂踏死生縶子承肇目左右令前諸軍

僕與子俱承朝寄而相迫何其承肇曰我欲扶公爲節度便耳漢
帝遣晉昌節度副使出承肇率部兵攻漢筠乃啓闢延承肇謂曰
遇害節度副使張敬達率師圍太原委漢筠巡撫其郡及敬達
歷曹亳二州刺史進檢校司徒行左金吾衛大將軍清泰末唐興
說遣衛之牧守偉送款於莊宗莊宗入魏分兵議其屬洺州時漢筠以利病
爲衛之牧守偉送款於莊宗莊宗入魏分兵議其屬洺州時漢筠
好書傳嘗詣長白山講學唐末齊魯交兵梁氏方籍力擲筆調
高漢筠字時英齊州歷城人曾祖滔晉曾爲是邑令因家焉漢筠少
爲其下所害高祖聞而欽惜賻恤加等以奬其忠
從賓作亂使人齎取絹帛以賞羣逆遇日不奉詔書安敢承命遂
西京留守制官使之佐理復重其廉勤兼監西京左藏庫會張

民国《山东通志》卷一百五十六对高汉筠的记载

并警戒该吏不可再献。在亳州三年，高汉筠还每年用自己的薪俸代纳百姓拖欠的赋税。

清泰末年，河东节度使石敬瑭踞太原反叛，后唐明宗派晋昌节度使张敬达率军围攻太原，委高汉筠巡抚晋昌（治今甘肃安西东南）。张敬达战死后，晋昌节度副使田承肇率部围攻节度使府署，企图加害高汉筠。高汉筠大开府门坦然相迎，田之部将敬服高汉筠为人，掷刀于地，曰："不可枉杀。"田遂率部而走。石敬瑭建立后晋后，连传数诏征召汉筠，授为左骁卫大将军、内客省使，高不为所动。天福三年（938年）正月，高汉筠病故于东京（今河南开封）私第。

高汉筠生于乱世，却能清廉自守，在利诱面前不为所动，在邪恶面前正气凛然，他以"吾有正俸"正告行贿者，正是清廉为官的一种坚守。今天，当那些以"却之不恭"却又情不自禁"被动腐败"的领导干部，读了高汉筠的"吾有正俸，此何用焉"的言辞时，是否也能像他那样义无反顾地拒绝诱惑呢？

《醒世恒言》曾记载过这样一篇故事：录事薛某，高烧中梦见自己变为一条鲤鱼，几天不曾觅食，肚中甚是饥饿，此时，正遇一渔夫垂钓，他明知钓饵里有钩子，但终因难耐饵香的诱惑，张嘴吞饵，遂成渔夫钓物。世上没有后悔药，鱼终因抵制不了饵香的诱惑而任人宰割。人亦如此，尤其是对于领导干部而言，面临的诱惑要远远大于普通群众，这就更需要超强的自律能力，无论面对的是权欲、财欲抑或色欲，皆当制欲戒贪，否则过于贪心的人不仅享受不到自己的"正俸"，最终连身家性命也可能失去。

曾 巩

勤政务实，风流蕴藉

满轩山色长浮黛，绕舍泉声不受尘。四境带牛无事日，两衙封印自由身。白羊酒熟初看雪，黄杏花开欲探春。总是济南为郡乐，更将诗兴属何人。

——宋·曾巩《郡斋即事二首其一》

曾巩

曾巩（1019年—1083年），字子固，建昌军南丰（今江西省南丰县）人，后居临川，北宋散文家、史学家、政治家。明代诗人王象春曾写道："济南自古多名士，每得风流太守来。"在历史上，曾巩、苏辙、晁补之等文化名人均在济南担任过重要职务。

曾巩出身儒学世家，祖父曾致尧、父亲曾易占皆为北宋名臣。曾巩天资聪慧，记忆力超群，幼时读诗书，脱口能吟诵，年十二即能为文。嘉祐二年（1057年），进士及第，任太平州司法参军，以明习律令、量刑适当而闻名。熙宁二年（1069年），任《宋英宗实录》检讨，不久被外放越州通判。熙宁五年（1072年）后，历任齐州、襄州、洪州、福州、明州、亳州、沧州等知州。元丰四年（1081年），以史学才能被委任史官修撰，管勾编修院，判太常寺兼礼仪事。元丰五年（1082年），卒于江宁府（今江苏南京），追谥为"文定"。

曾巩为政廉洁奉公，勤于政事，关心民生疾苦，与曾肇、曾布、曾纡、曾纮、曾协、曾敦并称"南丰七曾"。曾巩文学成就突出，其文"古雅、平正、冲和"，位列唐宋八大家，世称"南丰先生"。

熙宁四年（1071年），曾巩调任齐州（今山东济南）知州。有一周姓富户，其子周高为富不仁，横行乡里，民愤极大，但周家"力能动权贵"，与地方官沆瀣一气。曾巩初来乍到，搜集证据，将周高法办。章丘一带有一伙叫作"霸王社"的土豪，杀人越货，无恶不作，曾巩派兵将他们悉数抓获，将三十一名罪犯判刑，发配边疆。他还在齐州开创了"保伍"之法，以五户为一保，监督出入，实行外来人口登记，有盗贼则鸣鼓相援。通过曾巩的治理，齐州盗、劫等犯罪明显下降，由治安案件多发之州变成了平安之州，风气为之一清。

曾巩既勤政，又务实，而且凡事能从实际出发。为治理黄河，朝廷从各地调集民工，要从齐州调丁两万。当曾巩听说一些地方的户口有漏登、瞒报现象后，马上决定开展人口普查工作，从下至上，层层上报，反复核实，最后发现，九丁抽一就能满足征丁之需。他的这一务实作风，使许多寻常百姓免去了徭役之苦，减轻了他们的负担。

大明湖北水门立有曾巩的《齐州北水门记》石刻碑记

　　曾巩在齐州的政绩还有推行王安石的新法，刺激农业生产；疏浚大明湖，修建齐州北水门，解决了困扰齐州城多年的水患问题。

　　曾巩为政廉洁奉公，关心民众疾苦，整顿社会秩序，百姓安居乐业。曾巩调离齐州时，百姓涌上街头，拦住他的车马请求曾巩留任，致使曾巩不得不在夜间悄悄出走。此后，济南百姓念念不忘曾巩这位清官，先后建过两处曾巩纪念祠。其一，在旧城南面的千佛山半山腰，建于明代正统年间（1447 年前后），时称曾公庙，祀曾巩画像，庙宇毁于清代。其二，在大明湖北岸，原名曾公祠，清道光二十六年（1846 年）修建，每年春、秋，由地方官员主持祭祀典礼。新中国成立后，曾公祠扩建，改称南丰祠。

大明湖

范 讽

政事通达，为民担当

平仲酌泉回北望，谓之礼佛向
南行。烟岚翠锁门前路，转使高僧
厌宠荣。

——宋·范讽《题鼎州甘泉寺》

范讽（生卒年不详），字补之，宋代齐州（今山东济南）人，其父范正辞。他以荫补将作监主簿，献《东封赋》，迁太常寺奉礼郎，又献文，出知平阴县。当时黄河决口，水消退后，土地肥沃，但田界混乱不清，为此诉讼不断。范讽主持辨疆界，认田主，争讼遂息。范讽为政，济贫扶弱，事必躬亲，凡有不法者皆痛加治之。

后范讽举进士，迁大理评事，通判淄州。时淄州发生大旱，蝗虫滋生，危害百姓。蝗虫不食菽，因此百姓希望补种菽，但苦于无种。范讽巡视邹平县，决定开官仓贷种于民。县令以为不可，范讽道："我负全责！"即贷出三万斛。到秋季，百姓都如数还官仓。后知梁山军，范讽以母老相辞，于是改作郓州（今山东东平）通判。徙知广济军（治今山东定陶），凡出徭役者，悉奏除其租赋。

范讽累迁太常博士，以病监舒州（今安徽潜山）灵仙观。当时御医张怀德至灵仙观，范讽与之结交。张怀德返朝，向章献太后举荐范讽，于是，范讽被召回朝廷，升右司谏，为三司度支判官。某日，玉清昭应宫失火焚毁，太后下令追究原因，严惩宫人。

宋人绘画中的高士形象

范讽上奏，称失火乃上天之诫告，应减刑以应天，太后采纳范讽建议。又议修复宫殿，范讽因而上书劝谏，于是皇帝下诏罢修。朝野内外广传范讽敢谏的美名。

后来他升任天章阁待制、知审刑院，出知

宋·赵佶《听琴图》　北京故宫博物院藏

青州，再迁户部郎中。时山东发生饥荒，青州人、宰相王曾家中粮食颇多，范讽议决发王曾家藏粮数千斛赈济灾民，受到百姓的欢迎。范讽在青州不足一年，即入为右谏议大夫、权御史中丞，因遇事率直陈谏，改授龙图阁直学士、权三司使。

朱弁《曲洧旧闻》载，范讽做开封府知府时，有百姓上访。说其子娶妻，已过门三天，其妻子突然被召到宫里，至今已半月没有音讯。范讽于是立刻请求仁宗召见。范讽把那百姓说的事情报告给仁宗，并道："陛下不近女色，世人皆知。再者，老百姓家的媳妇已经过了门，硬弄进宫里来，怎么向天下人交代？"仁宗说："皇后倒是说过，新近有人进献了一位女子，模样俊俏。朕还没见到呢。"范讽说："果真如此，请将这个女子交给微臣。陛下不要被身边的小人蒙蔽了，不明不白地遭受百姓们的怨恨和指责。微臣请求就在皇上的龙座前交割这个女子，好让微臣带回府里去，当面交还给上访人。不然，百姓对皇上的指责，是没法挨家挨户去解释清楚的。况且，微臣刚才已经答应了上访人，要立刻帮他解决这个问题。"于是仁宗只能下令，将这个女子交给范讽带回开封府。

范讽性旷达豪放，任情不羁，家乡的一些名人隐士，如石介、李冠、徐遁等，慕其所为，与其交游，时号"东州逸党"。

廉公谔

清介自持，专务德化

民歌曰：甑釜生尘鱼，境内安以乐。昔闻范史云，今见廉公谔。

廉公谔，堂邑（今聊城市西北）人，宋代莱芜县令。旧志载：在任"清介自持，专务德化"。百姓把廉公谔与汉代的莱芜长范丹相提并论，称颂道："釜甑生尘鱼，境内安以乐。昔闻范史云，今见廉公谔。"他后来任司农少卿，出治滑州，知名于当时。明清两代崇祀为莱芜名宦。

山水之间美丽的莱芜

张荣　张宓

一门荣贵，有胆有识

《元史·张荣传》载："状貌奇伟。尝从军，为流矢贯眦，拔之不出，令人以足抵其额而拔之，神色自若。"

张荣（1181 年—1263 年），字世辉。金元之际济南历城人。身材魁梧，状貌奇伟，有胆气。金末，政治腐败，群雄竞起，张荣在家乡聚众起义，占领黉堂岭，不久占领章丘、邹平、济阳、蒲台、新城、淄川等地，多次打退金兵进攻。

金大安三年（1211 年）三月，成吉思汗发动对金战争，占领黄河以北大片土地。张荣抵抗蒙军十几载，于元太祖二十一年（1226 年）率军民五十万降蒙古。太祖成吉思汗召见，问其抗蒙数载之故，张荣答道："山东地广人稠，悉为帝有，臣若但有倚恃，亦不款服。"太祖听后颇为赞赏，授其金紫光禄大夫，山东行尚书省兼兵马都元帅，知济南府事。

元太宗二年（1230 年），蒙军议攻金都（今河南开封），张荣请为先锋，太宗嘉之，赐衣三袭，诏位在诸侯上。翌年，蒙军至黄河岸，张荣亲率敢死队夜间渡河，击溃金守军，又大败金之援军，夺战船五十艘，回北岸载蒙军过河。大军渡河后，乘胜攻占张盘二山寨，俘众万余，蒙将阿术鲁欲尽杀之，张荣力争乃止。

张荣家族墓地出土"大元故济南公张氏神道碑铭"碑首

灭金战争中，张荣始终冲锋在前，攻城夺地，战功赫赫，且曾多次制止蒙军对俘虏和百姓的屠杀。

张荣知济南府时，河南民众多北徙济南，张荣令分给房屋土地，妥善安置。故荒地多被

张荣墓前室四壁下部侍女图

开垦，百姓乐业，中书省考绩，张荣为天下第一。元世祖忽必烈即位后，封其为济南公。

张宓（生卒年不详），字渊仲。元代济南历城人，张荣之孙。张氏自张荣起兵反金，一门荣贵，蝉联数代，为济南的豪门华宗。张宓之父张邦宪是张荣第七子，为淮安路总管，死后追封为济郡公。张宓年幼时就以质子身份入侍皇太子（即武宗），赐名蒙古台。武宗即位（1307年）后，授尚沐奉御。武宗曾于便殿召见张宓，垂问古圣人中可效法者。张宓回答说：帝王之德，莫大于孝，臣济南人，济南有舜祠，舜是圣人，事父母可法者，莫如舜。后来山东大旱，遭遇蝗灾，武宗命张宓到济南舜祠祭祀。仁宗即位（1311年）后，张宓出知滕州，后入为度支监丞，转拜兵马司都指挥使。不久任彰德路总管，着力缉盗，境内安然。

天历年间（1328年—1330年）初，张宓改任保定路总管。时紫荆关戍卒至保定劫掠，城内居民持械自卫，杀数十人。知枢密院事也先尼赶到保定，扎营城外，捉拿居民百余人至营中，一番拷打后全部杀掉，并扬言即日屠杀全城居民。张宓当时告病在家，

张荣家族墓出土石像

闻讯急忙赶到也先尼帐下，陈述事件原故，晓以利害，愿代民赎罪。也先尼听后气馁，又杀掉几人后撤军而去。城中居民听说张宓安然而归，奔走相庆保定城免遭屠城之祸。

张宓后调任平江路总管。平江积压旧案七百余件，张宓到任数日就处理殆尽。时东南诸路富户将田佃于他人，徭役赋税全由贫户缴纳，百姓苦不堪言。张宓将此情言报行省，并着力清查，百姓负担有所减轻。

顺帝元统二年（1334 年），张宓升为吏部尚书，次年改任岭北行省参知政事。至正三年（1343 年），拜山东东西道宣慰使。时益都路油税为四千五百锭，超出正常税额十倍，张宓获知后，立即下令予以废除。益都百姓十分感激，特刻碑纪念此事。不久，张宓因病辞官，六十六岁时谢世。赠授中奉大夫、江浙等处行省参知政事、护军，追封济南郡公。

刘敏中

数朝良佐，一代真儒

鞍马雄豪，搢绅驰骤，几年都付寻常。边城岁晚，莲幕锦生光。得意尊前一笑，退冲具威凛秋霜。人谁似，胸怀豁落，温雅更文章。

从军真乐事，功名那问，故国他乡。笑熊非渭水，龙卧南阳。从此鹏程高举，快天风万里无妨。回首怅，穷途狂客，摇荡叹行藏。

——元·刘敏中《满庭芳·二舅魏知房戍沂州，见示此词，因次》

刘敏中

刘敏中（1243 年—1318年），字端甫，元代济南章丘（今绣惠街道西皋村）人。刘敏中一生为官清正，以时事为忧。他敢于将权贵横暴绳之以法，并上疏指陈时弊。仕世祖、成宗、武宗三朝，多为监察官，受到皇帝的嘉纳。他卒于延祐五年，年七十六岁。赠光禄大夫、柱国，追封齐国公，谥文简。

刘敏中自幼天资聪颖，《元史》本传记载"卓异不凡，年十三，语其父景石曰：'昔贤足于学而不求知，丰于功而不自炫，后人所弗逮也。'"（此话的意思是说，古代的圣贤，学问充实渊博，并不是希望知名于天下；建立了丰功伟绩，也从不自我夸耀，这是后人所不及的呀。）小小年纪讲出如此道理深刻的话语，令他的父亲刘景石十分惊奇。从此父亲对他潜心培养，并专门聘请了当时的名流学者对他进行指导、教育。"乡先生杜仁杰，爱其文亟称之。"

杜仁杰，元初散曲名家，长清县人，故称为乡先生，是金元鼎革之际与元好问有极好交情的著名文学家。刘敏中无论在人品还是文品方面均受其深刻影响。《元史》本传还记载"敏中尝与同侪各言其志曰：'自幼至老相见而无愧色，乃吾志也。'"寥寥十四字，虽语不惊人，但掷地有声，鸿鹄之志寓在其中，可谓青年刘敏中的人生宣言。元初延揽人才，征召著名儒士担任中央官职，刘敏中以其日益彰显的文名被征入朝，授为中书掾。从此，邑崇祀鄉賢歷城雲莊乃其別業其祖嘗為養浩歿亦葬焉歷嘗志列于流寓有以也至據晉荅雲莊而樂一語直謂歷城人非是劉敏中字端甫濟南章邱人幼卓異不凡年十三語其父景石曰昔賢足於學而不求知豊於功而不自衒此後人所弗逮也父奇之鄉先生杜仁傑愛其交亞稱之敏中嘗與同儕各言其志曰自幼至老相見而無愧色乃吾志也至元十一年由中書掾擢兵部主事拜監察御史權臣桑哥秉政敏中劾其奸邪不報遂辭職歸其鄉既而起為御史臺都事時同官王約以言去敏中杜門稱疾臺臣請觀事敏中曰使約以言去敏為交友不能諫止亦不無過也出使燕南蕭國被劾固不當出誠有罪耶則我既為同僚又廉訪副使入為國子司業遷翰林直學士燕國子祭酒大德七年詔遣宣撫使巡行諸道敏中出使遼東山北諸郡守令特貴倖暴橫者一繩以法錦州雨水為災輒發廩賑之除東平路總管擢陝西行臺治書侍御史九年召為集賢學士商議中書省事上疏陳十事曰整朝綱省庶

章邱縣志 ▌卷十 人物志上 入

道光《章丘县志》卷十对刘敏中的记载

他步入政坛。

至元十一年（1274 年），刘敏中由中书掾擢升为兵部主事，拜为监察御史。此时正值蒙古贵族桑哥把持朝政，刘敏中敢于迎难直上，刚正不阿地同弄权朝中的蒙古贵族进行坚决的斗争。他不但弹劾了桑哥的奸党，而且拒不屈服，不惜辞官还乡，表现了大义凛然、毫无妥协的气节。

直到桑哥倒台后，刘敏中才又复起为掌监察重责的御史台臣，并且以脾性刚烈、直言敢谏而著称于朝。此外，《元史》记载的另一件事也颇能反映他的为人。在刘敏中任御史台都事时，他的同僚王约因为言语得罪了权贵被罢官，刘敏中于是闭门称病。有台臣请他出来主事时，他说："假使王约无罪而遭弹劾，那我当然不能出来主事；假使王约确实有罪，那我和他既是同僚又是好友，却不能劝阻他，我也有罪。"寥寥数语，表现了他耿直、率真的性格。

后来，元世祖赦免了王约。

不久之后，刘敏中出为燕南肃政廉访副使，入为国子司业，迁翰林直学士，兼国子祭酒。大德七年（1303 年），刘敏中又被诏遣为宣抚使巡行诸道。他出使辽东、山北诸郡时，对贪官污吏进行了彻底的整治，"守令恃贵幸暴横者，一绳以法"。同时，他又对黎民百姓关怀备至，"锦州雨水为灾，辄发廪赈之"。大德九年（1305 年），刘敏中又被召为集贤学士，商议中书省事。此时，针对朝政中存在的弊端，他曾切中时弊地向皇帝上疏陈十事，即："整朝纲，省庶政，进善良，剔奸蠹，显公道，杜私门，广恩泽，实钞法，严武备，举封赠。"此疏不但事事联系朝政要害，而且条条关乎国计民生，表现了他忧国忧民的博大胸怀。

（据翟伯成《散曲名家——刘敏中》一文整理）

章丘百丈崖水库

张养浩

气养浩然，力行希孟

元代著名文学家、史学家、理学家苏天爵在《七聘堂记》中赞张养浩："执法牧民为贤令，入馆阁则曰名流，司台谏则称骨鲠，历省台则号能臣，是诚一代之伟人欤！"

张养浩

张养浩（1270 年—1329 年），字希孟，号云庄，又称齐东野人，元代济南历城人，著名政治家，文学家，一生经历了世祖、成宗、武宗、英宗、泰定帝和文宗数朝。少有才学，被荐为东平学正。历仕礼部、御史台掾属、太子文学、监察御史、官翰林侍读、右司都事、礼部侍郎、礼部尚书、中书省参知政事等。后辞官归隐，朝廷七聘不出。天历二年（1329 年），关中大旱，出任陕西行台中丞。是年，积劳成疾，逝世于任上。

张养浩曾祖以上的事迹已无可考。所可知者，其祖父张山曾经从戎，其父张郁弃儒从商，积攒了一定的资产，为幼年张养浩的就学创造了经济条件。后因子贵，追封通议大夫（正三品）、吏部尚书（正三品）、上轻车都尉（正三品）、济南郡侯（正三品）；母亲许氏，后追封济南郡夫人。

元世祖至元七年（1270 年）寒食节前后，张养浩生于济南历城县一户富裕人家。至元十三年（1276 年），外祖父许氏一家从济南迁徙至江南，七岁的张养浩随母亲送行到城西。在路上捡到别人丢失的财物，失主已经走远了，张养浩又追上去交给失主。

至元十六年（1279 年），十岁的张养浩读书学习非常用功，经常昼夜不辍，父母担心他太过用功累坏身体就制止他，而他白天把书默默地背诵，晚上关上房门点上灯，偷偷读书。

至元二十五年（1288年），十九岁的张养浩游济南白云楼，作《白云楼赋》。白云楼是元代济南名胜，为张荣所建，原址在今济南珍珠泉畔。这篇文章写成后，人们争相传抄，文章传到山东按察使焦遂那里，他为之眼前一亮，破例接见了张养浩，并推荐他做了东平学正。

至元二十九年（1292 年），二十三岁的张养浩遵从父亲的意愿离开东平，到京城大都求仕。当时的平章政事不忽木看过张养浩的文章后，大为欣赏，便力荐他做了礼部令史。次年，被荐为御史台掾吏。

有一次，张养浩生病了，不忽木听说后前去探望他。当他看到这位堂堂的御史台家中竟朴实无华，别无长物。禁不住脱口赞叹道："此真台掾也！"

大德九年（1305 年），张养浩由中书省掾选授堂邑县尹，作《初拜堂邑县尹》。在堂邑县张养浩带头捣毁各种滥设祠堂三十余所，并惩处强盗，保境安民，受到百姓的称颂。

大德十年（1306 年），张养浩在堂邑县辛劳任职，其间作《三事忠告》中《牧民忠告》篇。

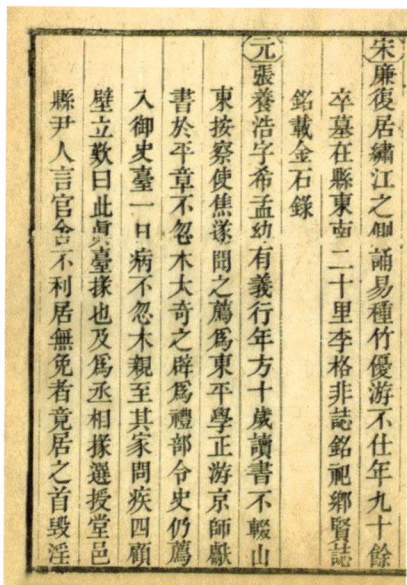

元武宗至大元年（1308

《章丘县志》对张养浩的记载

雲莊畫像記
愚在京師時嘗從濟南張君引求其先公文忠之遺書讀焉已而歎曰是何公之能銀銀乎告人以善也非其忠蓋之意積之於中則其發於言訓者豈至是哉及觀公之出處行事則真有古人之道故能事君以忠臨民以惠守職致其謹極諫致其誠迪然而休人不以為偪幬然而起人不以為屑卒能瘁心憂勞以生西民若而者不得為一代名臣乎哉余時獨以晚出不得識公顏面為恨後數年來遂江南君由兩臺御

张文忠公

雲莊小象

元刊本《张文忠公文集》

年），武宗即位后，封其弟爱育黎拔力八达（后为元仁宗）为皇太子，张养浩被东宫召至司经，未至，又改为太子文学，随即拜监察御史。作《三事忠告》中《风宪忠告》于御史任上。同年，元明善与张养浩同为太子文学。

至大三年（1310年），张养浩在监察御史任上写就一封万言书，进献给皇帝，直陈时政"十害"，包括赏赐太多、刑禁太疏、名爵太轻、台纲太弱、土木太盛等，因为"言皆切直"，结果为"当国者不能容"，先是免除了翰林待制，后又编织罪名，将他贬为平民，永不得复用。张养浩遂改换姓名，出走大都。

至大四年（1311年），正月武宗驾崩，仁宗即位。仁宗爱惜张养浩之才，召其出任中书省右司都事，随后为翰林待制。同时，元明善亦为翰林待制。

元仁宗皇庆二年（1313年），元明善迁翰林侍讲学士，张养浩以翰林直学士代替元明善。在张养浩和元明善等人的积极推动下，皇庆二年十一月，朝廷下诏将于后年举行科举考试。

延祐二年（1315年），元朝举办了第一次科举考试，张养浩以礼部侍郎的身份，与元明善、程钜夫等一起主持。为广纳人才，激励后学，张养浩建议这次考试不宜过严，即使对落榜考生也应给予一定照顾。他的主张得到了朝廷认可，由此网罗了诸如张起岩、许有壬、欧阳玄、黄溍等许多元代名士。恢复科举开启了读书人入仕的大门，登科的士子非常感激，纷纷要登门拜谢，却被张养浩婉拒，只是告诫他们说："只要想着怎么用才学报效国家就好了，不必谢我，我也不敢受诸公之谢。"

元英宗至治元年（1321年），正月初七，适逢元宵节，皇帝打算在宫禁之内张挂花灯做成鳌山，张养浩就上奏给左丞相拜住。拜住将奏疏藏在袖子里入宫谏阻，奏疏说："世祖执政三十多年，每当元宵佳节，民间尚且禁灯；威严的宫廷中更应当谨慎。皇帝

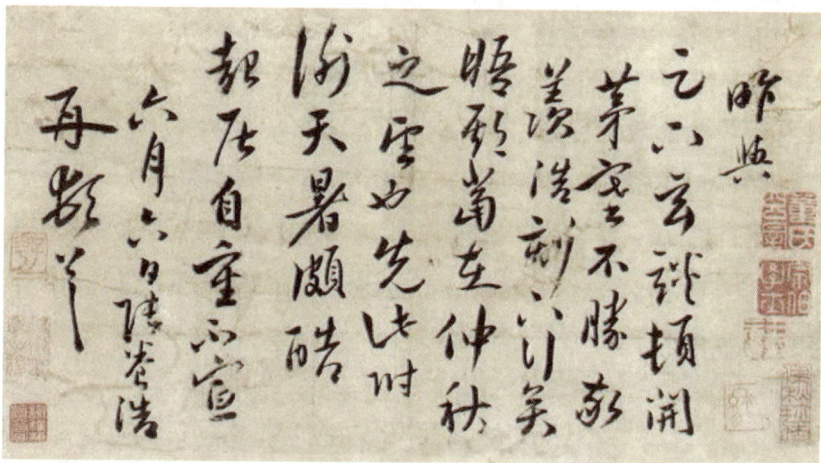

张养浩行书《酷暑帖》

打算在宫禁之内张挂花灯，我认为玩乐事小，影响很大；快乐得少，忧患很多。我希望（皇上）把崇尚节俭思虑深远作为准则，把喜好奢侈及时行乐作为警戒。"英宗大怒，看过奏疏之后又高兴地说："不是张希孟不敢这样说。"于是取消了点燃花灯的计划。下令赐给张养浩钱财布匹，来表彰他的正直。

元明宗天历二年（1329 年）正月，陕西大旱，朝廷特拜张养浩为陕西行台中丞。二月，张养浩接到任命后，立即把自己家里的财产都分给村里的穷人，便登上车子向陕西进发，碰到饥饿的灾民就赈济，看到饿死的灾民就埋葬。途中作《辞聘侍亲表》，欲归乡赡养老母。三月，路过华山，到西岳庙去求雨，哭拜在地上都爬不起来。二十九日作《西华岳庙雨文》，三十日作《西华岳庙催雨文》，以向上天求雨。四月一日，下雨后，作《谢雨文》等诗文以言欣喜之情。

20 世纪 60 年代张养浩墓

张养浩到陕西做官四个月，从没有回到家里住过，一直住在官府，晚上便向上天祈祷，白天就出外救济灾民，没有丝毫的懈怠。当时一斗米值十三贯钱，百姓拿着钞票出去买米，钞票稍有不清或破损就不能用，拿到府库中去调换，那些奸刁之徒营私舞弊，百姓换十贯只给五贯，而且等了好几天还是换不到，老百姓处境非常困难。张养浩检查府库中那些没有损毁、图纹可以看得清的钞票，得到一千八百五十多万贯，全部在背面盖上印记，又刻十贯和五贯的小额钞票发给穷人，命令米商凭钞票上的印记把米卖给他们，到府库验明数目便可换取银两，于是那些奸商污吏再也不敢营私舞弊。张养浩又率领富人家出卖粮食，并向朝廷上奏章请求实行纳粮补官的法令。张养浩听到民间有人为了奉养母亲而抛弃自己儿子的事，为此大哭了一场，拿出自己的钱救济了这户人家。七月二十七日，张养浩"得疾不起"，病逝于任上，享年六十岁。

元文宗至顺二年（1331 年），元朝廷下诏追赠张养浩摅诚宣惠功臣、荣禄大夫、陕西等处行中书省平章政事、柱国，追封滨国公，谥文忠。后人尊称为张文忠公。

附：张养浩与《三事忠告》

张养浩遵循儒家学说，始终言行一致。其《为政忠告》代表了他一生主张为官清廉的主导思想。《为政忠告》又名《三事忠告》，其中《牧民忠告》作于当地方官员时，《风宪忠告》作于当监察官员时，《庙堂忠告》作于当中央官员时。三事忠告，就是对地方官员、监察官员、中央官员的真诚劝告。《为政忠告》（《三事忠告》）

是元代吏道专著的重要组成部分，对于研究当时的政治思想、上下政务以及社会风气都有重要参考价值，对于后世的封建统治观念亦有相当影响。

以《牧民忠告》为例，分述拜命、上任、听讼、御下、宣化、慎狱、救荒、事长、受代、闲居之要义，"采比古人嘉言善行，自正心修身，以至事上惠下，除奸决疑，恤隐治赋，

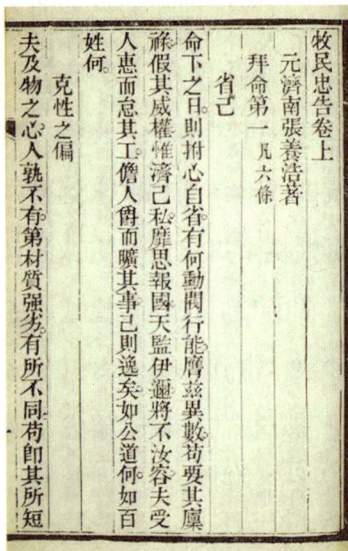

《牧民忠告》书影

凡可为郡县楷式者，无不曲尽其宜，且简而易行，约而易守，名之曰《牧民忠告》"（林泉生《〈风宪忠告〉序》）。在"事长"篇中，张养浩提出六条准则，即各守涯分、宁人负我、处患难、分谤、以礼下人、不可以律己之律律人。论述言简意赅，如"不可以律己之律律人"指出，"同官有过，不至害政，宜为包容。大抵律己当严，待人当恕，必欲人人同己，天下必无是理也。"寥寥数语，尽得要领。无怪乎当时很多地方官吏"家藏一书，遵而行之"。这部著作虽非巨制，但对今天的领导者亦颇有启迪作用。

张起岩

正色立朝，抗言直谏

　　元代理学家唐元在《贽见梦臣张侍御书》中称赞张起岩："硕学宏才"，名满天下；为政有方，使"十道向风，百僚屏息"；"谦挹待士。不以己长退人，天下之人皆知之"。

张起岩（1285 年—1354 年），字梦臣，祖籍济南章丘，移家禹城，后定居山东安丘，他是元代首届科举状元，著名政治家、史学家、文学家。仕宦四十余年，他先后在地方和中央担任过许多重要职务，对元朝中期政治贡献很大，其史学、文学造诣极高，善篆隶书，有多种著作传世。

张起岩生于累代仕宦之家。其高祖曾官至元帅右监军权知济南府，曾祖张福为济南路军民镇抚兵铃辖权府事，祖父张铎为东昌录事判官，父张范官至四川儒学副提举。他天资颖秀，幼从父学，过目成诵，十七岁受察举，被任命为福山县学教谕。仁宗延祐二年（1315 年），元朝首开科举，与元仁宗同年同月同日生的张起岩获左榜状元及第，授登州同知。

张起岩外和中刚、正色立朝，当时便有"欧阳修"之誉。他当福山教谕时，曾短期署县事，治绩卓然。福山百姓说："如果张教谕做知县，我们就有福了。"他做监察御史时，敢于抗言直谏，曾当面与丞相倒刺沙辩难，疏救因言获罪的御史，元朝皇帝也为他的勇气所折服。还有一次，中书省讨论天下官吏选授，张起岩以中书省参议身份在座。他推荐了一位在当时很有声望的大臣，但丞相不同意，张起岩与之争辩，丞相不悦而起，张起岩也拂衣离座，坚不屈服。因为此事，张起岩得罪了丞相，被贬职。

元至顺三年（1332年），宁宗死，顺宗未立，有人进京告变，说京师以南有某大臣谋反，马上就要起兵。一时闹得京师人心浮动。经过详细调查，根本没这么回事。当时朝中有人主张宽宥这个告变的"狂人"，主管法司认为唐朝律法就有谎报者不被治罪的先例。张起岩不同意。他说："当今新主未立，人心惶惶。不诛此人，将无法震慑奸人，稳定民心！"在他的坚持下，处决了这个人，安定了京师形势。

他在燕南廉访使任上，关心百姓疾苦，主持治理了历年为害的滹沱河，平息了水患。对那些为害一方的恶霸，他严厉打击，毫不留情，博得了当地百姓极高的赞誉。

之后，张起岩升任江南行台御史中丞，拜翰林学士承旨，知制诰兼修国史，知经筵事。时，右丞相别里怯不花因台臣纠劾，被顺帝罢官，不久，别里怯不花再度为相，向顺帝进谗言搬弄是非，张起岩在上朝时与别里怯不花据理争执，听到的人都认为张起岩理直气壮。不久，张起岩升任御史中丞，他论事刚直，无所顾忌，常与上官不合。

张起岩不但是一个政治家，还是一个有极高造诣和成就的历史学家。他的一生有相当长的时间主持国史编修和辽、金、宋三史的编撰。元至正三年（1343年），顺帝下诏修辽、金、宋三史，张起岩再次入翰林任总裁官之一。张起岩博览群书，学问渊博，尤其熟悉金、辽典章故实，宋儒道学原委。在国史和三史编撰中，他殚精竭虑、一丝不苟。别人的稿子他都一字一句地进行修改，最后，高质量地完成了三史修撰。三史修成，张起岩已是六十五岁的老人了，于是上书请求告老还乡，顺帝同意，授荣禄大夫。

史料记载，张起岩面如紫琼，美髯方颐，眉目清扬，是雅量君子。他临政决议，屹若泰山，如有不同意见，争论得面红耳赤也不计较，朝臣有时也怕他，知道的人都说他外和中刚，不受别人笼络，如同欧阳修，名闻四方。

他生活相当节俭质朴，一生爱吃素食，和酒肉山珍无缘，把毕生节省下来的俸禄都用于周济师长故交、同族兄弟。本族的一位堂叔，家贫如洗，又逢涝灾，豆黍歉收，病饿而亡却无力发丧。

张起岩书《麓台秋月》诗文碑

张起岩获知此事，从给亡者置办寿衣、购买棺木到发丧出殡等一概包揽。

本村街坊四邻家中有难，他也尽力接济。到至正十三年，张起岩病故辞世，享年六十八岁。此时，他的家境已是"廪无余粟、宅无余财"了。

张起岩是章丘人，故里为表彰他的历史功勋，明清两代曾在章丘县衙驻地、绣江河畔（现在的绣惠街道）为其建造起构筑精巧的"状元坊"一座，以表怀思和纪念。

师　逵

三声退虎貌奇异，一生清廉唯一人

　　师逵为官清廉，从不敛财，禄赐皆随意分给幕友；其子八人，师逵身后竟至生计塞难。明成祖曾对众臣说："六部扈从臣，不贪者惟逵而已。"

师逵（1365年—1427年），字九达，明代兖州东阿（今平阴县东阿镇南市村）人。官至户部尚书。

师逵自幼丧父，与母亲相依为命，事母至孝。《明史》载，师逵十三岁时，其母生病，想吃藤花菜。师逵只身一人，出城寻找藤花菜。在城南二十多里的地方，他找到了这种菜。在返城途中，隐约听到城里正打二更鼓。突然，离他三米处出现一只老虎，对着他眈眈而视，双眼像是两盏灯笼。老虎对着师逵，发出一声吼叫。但是，师逵并不害怕。他扬起头来，大声呼喊"天啊！天啊！天啊！"也许是师逵的呼喊震慑住老虎，也许是师逵的相貌让老虎恐惧（史载师逵相貌奇异）。三声过后，老虎竟然转身离去。师逵奔跑回家，把藤花菜洗净，蒸熟，让母亲吃。两天后，母亲的病慢慢痊愈。

师逵幼年聪敏，八岁读书，日记千言。二十岁入太学，从御史到辽东视察，因刚直不阿，触犯上司，被诬陷，逮至京城。明太祖见其长相非凡，问明真相，擢为御史。后任陕西按察使，到

狼溪河美丽的景色 秦笃岭 摄

東阿縣志卷之

賜進士出身山東泰安府東阿縣知縣嵩陽李賢書鹿用裁定

人物志

鄉賢

明

師逵字九達自上世為東阿人逵資稟過人八歲讀書日記數千言少孤奉母極孝年十二三母患疾食藤花時日已脯逵走城南山中采之歸而夜分遇虎逵泣且號曰母病是起乃得此花孚此哀母即死無懼突俄而虎去甲人具孝感及長入太學太祖遣一御史按選東理選方敕不阿御史清勞七名還以囚服見狀貌豐偉而如玉瑩載号拂拂上目而奇之即拜御史不三月累憲

陝西下車旬日附圖一空仁宗朝累官戶部侍書兼吏部尚書人材朝廷恃以為重宣宗皇帝嘗語大臣論曰從北來持廉守正者惟逵一人雅性朴儉不殖生產所

張本字致中邑之北王村人也九歲為邑諸生彰鄉試授江都尹嘉隆揚州太守張鎣政克為工部侍郎以事注音端交趾奉政可使朝廷遣偵之不方抱隨狀飯初狀元仁宗監賜為白上賜環及改刑部侍郎仁宗初博豆部召信行在留守故事冤本逵造大臣罪理固定歛例頌天下著在令典詔兼太子賓客數賜宴衰率戶部事少傅楊榮稱本賦性剛直居官廉辨凡事以身之公正不阿議論倜忱有古大臣風世傳成祖會宴近臣各設銀器一席賜之惟本瓦器驗曰卿號窮銀器無所用也本頓首謝

泰大方邑之銅城人輿彥良為裝從永樂初人材擢監察御史遇事敢言不避權貴揚以鐵面稱之每休沐不入朝輒索玉首詢問時方北征大方諸罷民賦疏不聽逢乞骸歸里卒祀鄉賢

李馥著字店儀以舉人授山西安邑知縣為人方正遇事敢為盡職精勤或夜不穿呂

道光《东阿县志》卷十三对师逵的记载

任一月内，即将千余积案审理完毕。成祖即位，升兵部侍郎。仁宗即位，升户部尚书。居官四十余年，为政清廉，家无积蓄。宣宗常与群臣议论："大臣持廉守正者，唯逵一人。"

洪武年间，师逵以国子生随御史出任外省，被御史弹劾，遭拘捕。明太祖朱元璋见他相貌伟岸，堂堂正气，当即释放，贬为御史台书案牍。后提升为御史，外放陕西按察使。到任时，当地监狱关押了千余人，师逵用十多天就按犯人的罪行轻重审定处理完毕，且判罚非常准确。对于一些事出有因或查无实据的人，他不搞逼供，大胆释放，很得人心，得到世人非常高的赞誉。后因母丧离官守制，在其母墓侧盖一茅舍居住守孝，三年不食酒肉。

成祖即位后，召师逵为兵部侍郎，不久又改为吏部侍郎。仁宗即位后，进南京户部尚书，兼掌吏部。宣德二年（1427年）正月卒于任。

师逵为官清廉，从不敛财，禄赐皆随意分给幕友；子嗣八人，在其死后竟至生计塞难。成祖曾对众臣说："六部扈从臣，不贪者惟逵而已。"

师逵卒后，葬于故里平阴县东阿古城的北侧、狼溪河西岸，在20世纪50年代还存有其陵墓及墓碑。

李 纲
执法不阿的"铁御史"

李纲死后，家中竹筐里只有几件破烂衣裳，与其共事的平江伯陈锐感动地流泪称赞李纲："君子也！"宪宗皇帝得知后，特诏赐祭葬，夸他"清刚似李侃"。

李纲

李纲（生卒不详），字廷张，明代济南长清城南李庄人，幼年随父进京。天顺元年（1457年）中进士，授御史，历按南畿、浙江，弹劾浙江污吏达四百余人，执法不阿，时有"铁御史"之誉。

当时明朝最紧要的地方是延绥镇——大明九边重镇之一，再向外就是大漠。大漠当时有一支强势的新兴力量——瓦剌，曾在土木堡一战中消灭五十万明军，俘虏了明英宗。到李纲做官时，瓦剌虽不再进攻大明，可北方蒙古部落仍时时过来抢劫。为此，朝廷派出各路军队沿边防守，李纲曾临危受命，前往一线，总领各路军队。士兵们早就听闻李纲的大名，军心振奋，李纲这次任务完成得很出色，回朝后升迁为太仆寺少卿。

太仆寺少卿为正四品，专管牧马，并无多少实权，却是个肥差。朱元璋马上得天下，因此十分注重马匹的喂养、骑兵的机动作用，每处紧要地方都养着一定数量的战马。每年到了一定时期，朝廷就会派太仆寺的官员下去巡查。大明前期，帝国草创，非常注重马匹数量和质量，和平时日久了，养马的官员也就松懈了，朝廷每年拨下的马料火号钱和差役的工钱，大多都进了养马官员的腰包。李纲担任此官后，一改往日颓废局面。据说，他骑着马走了一趟，大明的马厩里再次战马嘶鸣，声音如雷。养马的官员再不敢应付

道光《济南府志》卷五十二对李纲的记载

差事，他们送的贿赂也全被李纲回绝。

李纲因清廉而声誉极好，明宪宗对他称赞不已，"纲负干局，不为物屈，居官能自守"。也就是说，李纲有才干，同时脊梁很硬，能坚守清廉的本性。

史载，李纲任太仆少卿时，有次带着仆人外出巡查，遇上一群强盗。强盗问他们是谁，仆人惊慌回答是李纲李大人。有个强盗看见仆人背上的竹箱，就跟强盗头子说里边定有宝物。强盗头子呵呵一笑，说："这个人就是著名的'铁御史'李纲，在他的身上还能找到金子？算了，别做梦了！"然后带着手下走了。

成化十三年（1477 年）李纲升为右佥都御史，不久转升左佥都御史，出督漕运，与总督漕运陈锐共事。陈锐独断专行，肆官虐民，而李纲峻直耿介，两人常常不和，李纲曾多次弹劾陈锐。次年，

清末的长清老县城

李纲卒于任上。

陈锐为李纲料理后事，翻检其箧笥，仅有书籍若干、破旧衣物几件而已。陈锐深感愧疚，挥泪叹道："想不到在掌管财货的官府里竟有如此铁御史！"遂如实奉报朝廷。明宪宗感其刚正廉洁，清节可嘉，特命赐祭葬，破格入乡贤祠。

赵 璜

为民发声，不畏权贵

《明史》载：璜有干局，多智
虑。事棼错，他人相顾愕眙，璜立办。
既去，人争荐之。

赵璜（约 1463 年—1532 年），字廷实，号西峰，明代江西吉安府（今吉安市）安福县人。出身于官宦之家，曾出任济南知府，山东巡抚。相传在他五岁那年，随父去四川黔江出差，途中所乘船只遇险，赵璜不慎落水，被水冲出半里之外，后幸被人救起而脱险，众人闻听都啧啧称奇。

年龄稍长后，赵璜寄居于一所寺庙之中读书。一次，有一位商人到寺中拜谒后于佛殿中小憩，临行时不慎把随身携带的锦囊遗落于殿中，被赵璜拾到。赵璜打开锦囊一看，里面尽是金银珠宝。赵璜并不为所动，等候失主来寻，悉还失主。商人对赵璜年纪轻轻就具有拾金不昧、重义轻利的高尚品质大加赞赏。

弘治三年（1490 年）赵璜荣登二甲进士，弘治六年（1493 年）授都水司主事，弘治九年（1496 年）改兵部，弘治十一年（1498 年）

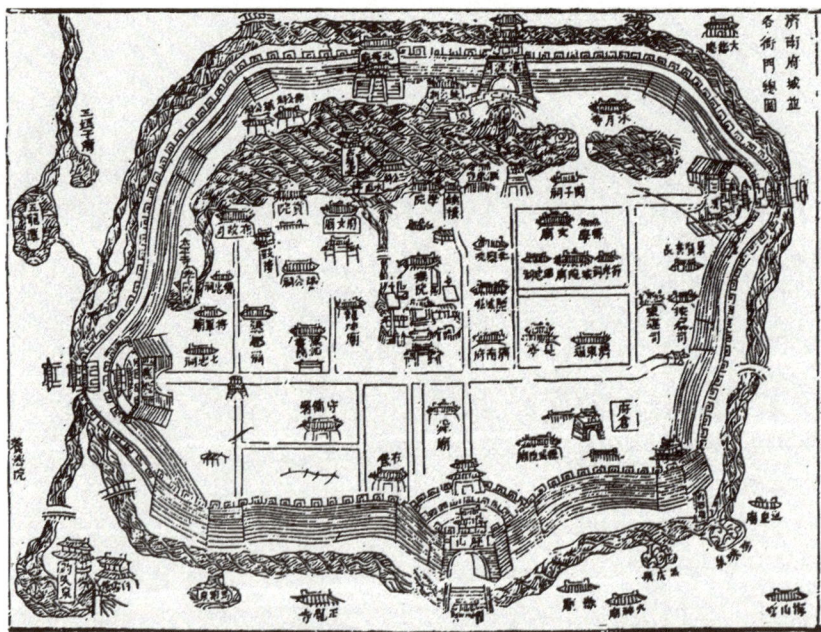

济南府城图

升职方司员外郎，弘治十三年（1500 年）出为济南知府。正德七年（1512 年）八月至十年（1515 年）六月，出任山东巡抚。

作为山东的地方官，赵璜对自己辖区内的百姓十分爱护，处处为他们着想。在他任职济南知府时，曾发生一件事：乐安县（今东营市广饶县）原本是汉王朱高煦的封地。朱高煦乃仁宗朱高炽之弟，此人武艺高强，能征善战，深得其父成祖朱棣的欢心。朱棣在位时，朱高煦依仗其父的宠爱，多行不法。永乐二十二年（1424 年），朱棣出征漠北，死于北征回师金中的榆木川（今内蒙古乌珠穆沁）。朱高煦欲趁机夺取皇位，然而皇位却由其兄朱高炽继承。朱高炽在位不到一年即暴病身亡，故而兄弟间的矛盾未及爆发。朱高炽死后，其子朱瞻基即位，是为明宣宗。朱高煦对此自然更加不服，于是便在宣德元年（1426 年）八月起兵叛乱，意欲夺权。然而不到一个月，叛军即被镇压下去，朱高煦也被宣宗朱瞻基废为庶人，其所属牧场亦没入官府，由佃农耕种。就在这时，济南德王朱见潾趁机欲将这些田产归为己有，屡屡上奏要求将这些牧场归其所用。佃耕的农户们得闻这一消息惶恐不安。但是身为济南知府的赵璜并未因为此事涉及皇族，而明哲保身或退避三舍，而是在闻得此事后，第一时间上疏，言"地

赵璜字廷贵贾江西安福人宏治三年进士授工部主事改兵部历员外郎出为济南知府正德初以都御史巡抚宣府寻调山东时值流寇伤残之后璜悉心抚循民得苏字境内河堤地数百里给流民纽之而除其租番僧乙徵以芜斋檀帝许之璜不可曰臣达天子诏得罪一人当死无信於民亦当死今後无复有垦荒复业者臣宏死不奉诏帝乃止曲阜为城所破阙里林庙在旷野璜请发县就阙里诏徙之擢丁部左侍郎嘉靖元年进尚书十一年卒赠太子太保谥庄靖

罪及邻此有惺而自縱者谨使侦事校尉发之勤钦致仕又坐参曲阜先圣庙会计数多罚输米六百石塞下瑾诛乃复官十五年卒

道光《济南府志》卷三十五对赵璜的记载

旧时济南城内泉水汇流的景光

归民间，供税赋已久，不宜夺"。帝从之。有鉴于此，保住耕地的佃农们对赵璜感激涕零，不断为其祈祷祝福。当地也避免了一起压榨百姓，官逼民反的恶性事件发生。

刘天民

直谏屡被贬，躬身尽天职

刘天民善诗文，与边贡、李攀龙并称"历下三杰"。其诗多关时事，语言风格幽默又为百姓发声，颇有杜甫之风。

刘天民

刘天民（1486年—1541年）字希尹，号函山。明代济南历城人。幼时随父刘绪在京城读书，正德九年（1514年）中进士，授户部福建司主事，不久调任吏部文选司主事。后历任吏部员外郎、稽勋司郎中，出任寿州知府，河南、四川按察副使等职。嘉靖十四年（1535年）辞官家居。

为京官时，刘天民为官清正，政绩突出，却因多次劝谏而被贬，仕途颇为坎坷。第一次是他劝谏正德皇帝不要"游乐南巡"，因而受廷杖，撤了职务。第二次是他因著名的"大礼议"事件，劝谏嘉靖皇帝，而再次受廷杖，还被外放为知州等职。旧时凡京官外谪，出都门时以眼纱遮目。刘天民过吏部时，吏部大小官吏皆在衙门外聚集，簇拥上前道别。刘天民摘下眼纱扔到地上："吾无愧于衙门，使诸君得见吾真面目耳。"此番言论足见刘天民的真性情和谏官本色，也使得吏部同僚们的饯行持续了三天之久。

当刘天民在河南任职按察司副使，巡查大梁时，恰遇到河南获重刑的一千五百余人遭受刑部、锦衣卫的严加审讯。刘天民借助职务，迅速参与审理，并从案情出发，最终通过努力为其中的将近七百人平反。对此，他曾说：光凭这一件事，足够他留给子孙后代的福报。

当刘天民再遭陷害弹劾而离开汴梁时，一直到了太阳落山才得以出城门，原因是百姓不舍这位造福一方的好官离开，哭喊着不让他走。

作为济南诗派早期诗人的刘天民，曾居济南城西锦缠沟，由著名诗人晁补之"齐州西楼对此山"之句，而自号函山，著作称《函山集》，后代诗人多以寻找刘天民的名义登玉函山。刘天民善诗文，与边贡、李攀龙并称"历下三杰"。经常是"日聚宾友，啸傲山

玉函山上绿树掩映中的佛峪寺

"历下三杰"之边贡

"历下三杰"之李攀龙

水间"。其诗多关时事，语言风格幽默又为百姓发声，颇有杜甫之风。时任山东巡按御史李寓山，曾特意为刘天民主办碧筒宴饮，以表达仰慕之情。

李晃

去思碑上尽清风

    李晃施政，仁厚宽和，事事崇尚节约，上面官员来往，仅以饭相待，并不奉送地方特产，竟迫使那些以巡视为名沿途勒索财物的公使大臣们"相告不行经魏县"。

李冕（1490 年—1563 年），字端甫，号脉泉，明代济南章丘县明水人。后官至云南布政使，领从二品衔。一生刚直不阿，秉公执法，廉洁自持。

李冕自幼家境窘困，因而读书勤奋刻苦，七岁时就志趣出群。明弘治十六年（1503 年）考中秀才，深受章丘宿儒郑鸾的器重，并以爱女许之。明嘉靖五年（1526 年）三十六岁时考中进士，官授河北魏县知县。因出身贫寒，李冕特别能体恤民情。

李冕上任之始就遇连年饥荒，为救民于水火，他冒死开仓赈饥。县上存粮不足，又为民请命于郡守，力促从国库中发粮四千石，保全魏县饥民的性命。祸不单行，不久漳河又发大水，数百户人遭受灭顶之灾。胆小的官吏纷纷弃民而逃，唯李冕奋然而前，组织人力截断水流。水灾过后，为恢复生产，他遍访全县各乡，竭尽地方父母官之职。在魏县期间，他不但改革了以往不分贫富均徭纳税的弊政，还十分重视教育，培养了很多品学兼优的人才，深受魏县人民爱戴。

李冕施政，仁厚宽和，事事崇尚节约，上面官员来往，仅以饭相待，并不奉送地方特产，此举迫使那些以巡视为名沿途勒索财物的公

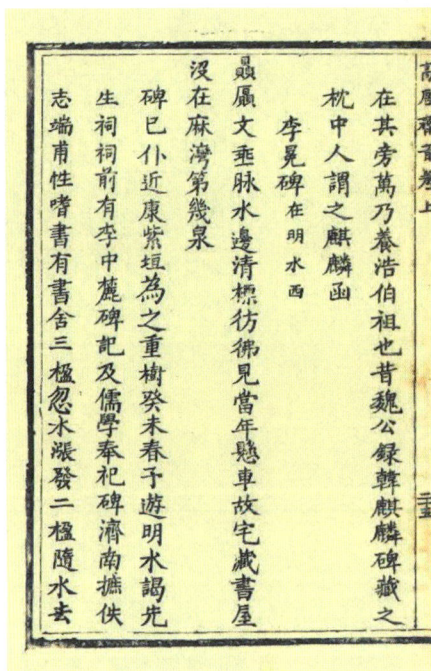

清《高唐齐音》记载的李冕

使大臣们"相告不行经魏县"。李冕对其家眷要求甚严，绝不许他们倚仗权势沾公家的半点便宜。有一次，他出发远行，家中粮食吃完了，郑夫人索遍宅内上下家眷，竟没能凑起买一斗米的钱。离任后，魏县人为其立"去思碑"作为纪念。

明嘉靖十年（1531年）李冕被提拔赴京任职。时值朝中党争纷起，李冕被卷入政治漩涡。嘉

清康熙《章丘县志》记载的李冕

靖十二年（1533年），李冕被贬为钧州（今河南禹县）同知，与知州刘魁兴一道，建书院，亲自为学子讲学，整饬地方学风。不久，又先后晋升为永平府（今河北卢龙）同知、南京户部员外郎郎中、杭州知府。在杭州任职期间，李冕廉正自束，改革了许多于国于民不利的弊端。其中，仅为朝廷织造龙衣每季就用白银数万两之巨，当时约定俗成每百金克其一，这样知府一季即可得银百两，李冕毅然革之，当时官场哗然一片。

明嘉靖十七年（1538年），李冕母亲康氏病故，他回家守制三年。至嘉靖二十年（1541年）服满，被授处州（今浙江丽水）知府。处州矿产非常丰富，因历任知府管理不善，经常发生盗矿井事件，曾

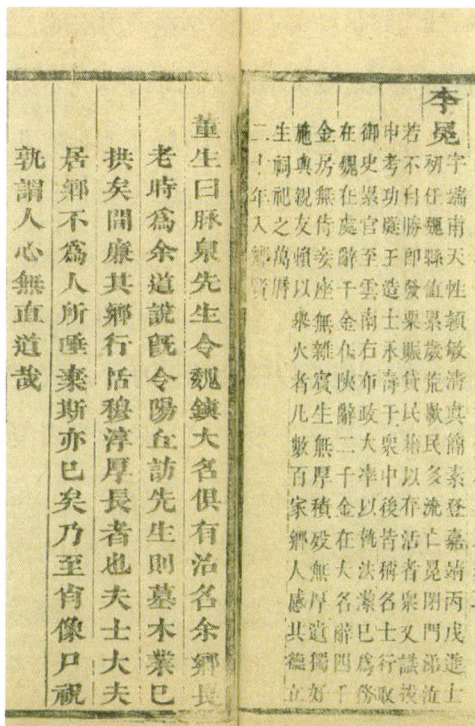

有钦派官员被害于此。李冕严厉法度，恩威并施，在任期间正常经营，没再发生矿变。境内有两条堙塞三百余年的大水渠，在李冕的督导下也重新修复使用，有力保障了当地农业灌溉和居民用水。之后，李冕晋升河南按察司副使，兵备大名（今河北大名），参与镇压地方骚乱。

越三年，李冕又晋升为陕西参政，与常常干预地方行政的明王朝宗室进行过斗争。因有功，获御赐银币，特晋升为陕西按察使。从此他更以执法为己任，对疑案、冤狱多加平反，得到翰林王获野"执法不挠，使无辜而坐者复生"的赞语。后晋升为山西右布政使，因辨别冤狱而得罪了一位御史，被降职为四川参政，此事引起公论，经吏部调停，认为李冕冤枉，又复用为贵州按察使。不久朝廷将他晋升为右布政使，到云南任职。终因他在多年秉公执法过程中得罪了太多奸佞小人，又不会逢迎当朝权奸，嘉靖三十五年（1556年）被迫以老而有病之名辞官还乡。

李冕平生爱书如命，清康熙《济南府志》和清道光《章丘县志》轶事卷记载："李冕，性敏颖，清修简朴，体不胜衣，而志坚如石。最爱书册，口所熟读，手所不释者，略无点污损坏。或片纸只字，断简残编，见必投诸水火。有书舍三楹，忽水涨突发，二楹已随水去，独藏书一楹如故。水落移书甫出，而舍全倾矣。见者以为爱书之验云。"

李冕宦游三十年，足迹遍及河北、北京、河南、南京、杭州、浙江、陕西、山西、四川、贵州、云南等地，实属历朝少有。嘉靖四十二年（1563年）病逝于家，享年七十四岁，葬于章丘明水之西南。

陆树德
刚正清严，为民争利

"树德居言职三年，疏数十上，率侃直。会树声掌礼部，乃量迁尚宝卿。历太常少卿，南京太仆卿，以右佥都御史巡抚山东。树德素清严，约束僚吏，屏绝声伎。"

——《明史·列传第一百十五·陆树德》

　　陆树德（1522年—1587年），字舆成，号阜南，松江华亭（今属上海市松江区）人。嘉靖四十四年（1565年）考中进士，任命为严州府推官。历任刑部主事、礼科给事中、南京太仆寺卿、山东巡抚等职。陆树德生性狷介耿直，为官时不惧权贵，护佑百姓，深得民心。陆树德任监察言官三年，上疏十数次，耿直无私。以右佥都御史巡抚山东，清正严明，摒弃声色，约束部下甚严。

　　万历十年（1582年）十一月，已届花甲之年的陆树德被提升为都察院右佥都御史，巡抚山东。由于他年事已高，且思治心切，以至积劳成疾，遂产生了退隐田园的念头。就在这时，发生了德王府霸占白云湖的"白云湖事件"。

　　白云湖位于济南府小清河南岸的历城县与章丘县交界处，是一个河渠纵横、泊沼相连、水陆相间、沟渔如网的天然湖泊。湖区共有田地五百余顷。正德二年（1507年），有一奸民投奔德王府，充当校尉。为了向德王献媚取宠，他唆使德懿王朱祐榕把白云湖新退出的农田收作庄田，并虚报为一千三百顷。德王向皇帝申报获准后，当地官府派人来丈量湖地，结果新退农田只有四百顷，于是德王府官员便将近湖原有征粮农田包套在内，把虚报的九百顷之负担强行分派下去，使农户每亩地除向地方官府缴纳钱粮外，还要向德王府缴纳每亩的租税籽粒钱三十文。

　　弘治、正德年间，由于亲王、勋臣、贵戚奏讨庄田过多，而且日益严重，极大地影响了朝廷的收入，国家财政日趋紧张，整个封建秩序也受到了影响，所以世宗朱厚熜即位后，企图对封讨的土地加以整顿。嘉靖八年（1529 年），朱厚熜批准户部奏议，规定："凡河泊所税课局并山场湖陂，除洪武、永乐以前钦赐不动外，其余奏讨之数，从本年开始，将所收银两一律留在本地府县仓库，抵充王府禄米。"这就是所谓的"嘉靖八年例"。依照这一决议，济南德王府包括白云湖在内的庄田被革。朱祐榕闻听后不服，他认为"嘉靖八年例"只涉及山荡（场）湖陂，并不涉及庄田。而当时任山东巡抚的邵锡强烈反对这种强词夺理的解释，认为王府庄田包括山

章丘白云湖

明·蓝瑛《拒霜秋鸟图》

荡（场）湖陂。朱祐榕争执再三，其他庄田被革的诸王也纷纷效尤，与其应和。

嘉靖皇帝朱厚熜为息事宁人，遂于嘉靖十年（1531年），命令户部酌议宣德以后诸王府在封国之处，原奏请的庄田除了山荡（场）湖陂以外且王府禄粮不够支出的，其所收银两皆听之留用。诸王到封地以后且该地已传数世者，凡有奏请即系庄田，不得议留。若按照这个规定，德王府仍应革退白云湖一地，于是白云湖重新回到了农户手中。但是，朱祐榕并不死心，一直等待收回白云湖的机会。嘉靖十八年（1539年），泾王府和徽王府都收回了他们原有的庄田，于是朱祐榕便以此为例上奏朝廷请求恢复其白云湖。户部虽然执奏不允，但世宗朱厚熜"特诏与之"。

到了万历六年（1579年），全国各地清丈田亩，白云湖又在清丈范围之内。此时朱祐榕已死，其子德定王朱翊馆坚决反对清丈白云湖田亩，并在万历十一年（1583年）三月上奏朝廷，要求归还白云湖，朝廷却把这件事交给了山东巡抚陆树德。德定王朱翊馆听说后，通过宦官贿赂司礼监太监张宏，让张宏给陆树德写信，希望陆树德将白云湖重新划归德王府。由于陆树德坚决不许，宦官无奈不敢强夺，最终未能得逞，使当地众多农户利益得以保全。

明·冯起震水墨画《竹石图》，山东省博物馆藏

　　陆树德在处理完"白云湖事件"之后，便上奏以病乞退，告老还乡。相传当陆树德离开山东之时，山东吏民拥车而号，夹道送行的队伍竟有百余里长。

李 戴

温然长者，广施惠政

忧民无计意悬悬，为叩山灵陟岳巅。风送雷声摇栋宇，云蒸雨色满山川。纷纷万壑垂飞练，隐隐千峰锁翠烟。安得甘霖遍九有，农家到处庆丰年。

——明·李戴《初至遇旱躬赴泰山祈祷》

李戴

李戴,字仁夫,号对泉,延津(今属河南新乡市)人,明嘉靖四十年(1561年)举人,隆庆二年(1568年)进士,曾任山东巡抚。

李戴初任兴化县知县,由于政绩突出,提升为户科给事中。当时,广东因为用兵的缘故,增收民间赋税,到万历初年,祸乱平定,李戴便及时奏请免除增加部分,恢复百姓的正常赋税。后升迁为礼科给事中,出任陕西右参政,随即又晋升为按察使。此时,宰相张居正在全国推行丈量土地,清查大地主隐瞒的庄田,并实行"一条鞭法",改变赋税制度,各地方官吏都严格实施,只有李戴执行得较为宽缓。后来,李戴又从山西布政使提升为右副都御史,任山东巡抚。

明万历十四年(1586年)二月,李戴升任为山东巡抚。至十七年(1589年)六月离任,前后三年有余。

对于李戴在任山东巡抚期间的业绩,《明史·李戴传》只简略地记述说"岁凶,累请蠲振"。而在明万历间任山东直指(朝廷直接派往地方处理问题的官员)的毛在著有《对泉说》一文,对李戴在鲁所施惠政有较为详尽记述,文中说:"中丞公起家县令,拜诸官,皱历中外,所至膏泽及民。其开府山东也,入境之初,旱魃为虐,公首登泰岱祈祷,甘澍立降,遐迩欢呼。民之饥而无食也,则请发粟以赈之;民之穷而夫能急公赋也,则请蠲租以恤之。凡可以去民疾苦而休养生息之者,无所不用其极。即数月之间,公之德泽，惠此六郡生灵者，渊深汪濊，岂直斯泉云乎哉。所谓寒泉之食，公信足以当之。"

"忧民无计意悬悬，为叩山灵陟岳巅。风送雷声摇栋宇，云蒸雨色满山川。纷纷万壑垂飞练，隐隐千峰锁翠烟。安得甘霖遍九有，农家到处庆丰年。"李戴初来山东，亲赴泰山祈祷时所作《初至遇旱躬赴泰山祈祷》诗，

道光《济南府志》卷三十五对李戴的记载

从中可体味到他期盼国泰民安的心境。

在清乾隆《历城县志》中载录有李戴为修建济南千佛山一览亭所撰写的《一览亭记》，文中记述说："一览亭，初建佛寺前，为积雨倾坏，因山腰隙地，移旧亭而新之。公余登此，坐翠微中，可以洗涤尘襟。而凭槛一览，则民瘼历历目前也。已丑仲春，对泉子书。"

以上记述可以看出，李戴在任职山东巡抚期间，十分关注平民百姓疾苦，颇有惠政。

山东巡抚李戴还与今趵突泉观澜亭有着一段传奇故事。观澜亭址原为明代对泉亭，明万历年间，李戴与巡按御史毛在同游趵突泉，毛在提到"左为通衢，往来杂沓，无所障蔽。而面当民居，举目苦无佳境"。李戴遂命人以"木屏障之"，并利用废寺余材

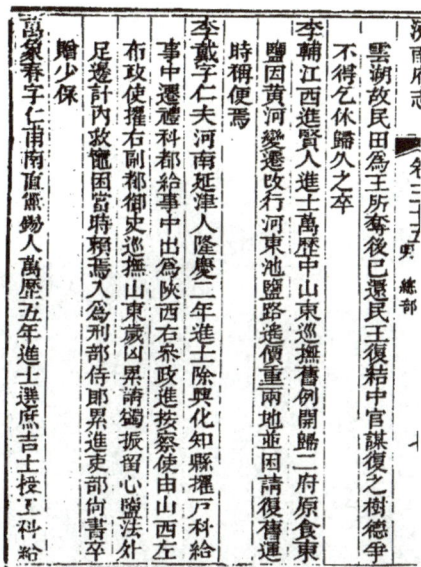

李 戴：温然长者，广施惠政

趵突泉观澜亭

在观澜亭的西北侧筑基竖亭与之相对，"周遭掩映，大为兹泉增胜"。因李戴自号对泉，亭又是李戴所建，毛在便为此亭取名为"对泉"。此亭后被山洪冲毁，又多次重建。清末，因明代张钦所书的"观澜"碑在今观澜亭南侧（二十世纪六七十年代移置于亭西）、古观澜亭西侧，人们逐渐将趵突泉西侧的这座亭指认为"观澜亭"，而将原观澜亭称为"四面亭"。

万历二十六年（1598 年），吏部尚书蔡国珍被罢官，廷议时推举了七位接替其职务的人选，李戴是其中最后一名，不料万历皇上却特意任用了李戴接替蔡国珍为吏部尚书。李戴任职后，谨守新令，惠政爱民，引之以宽，豁达大度，时称他是一位"温然长者"。

吴鸿洙　吴鸿功　吴暲

一门三进士，节制与谨严

《续修民国莱芜县志》载："（吴鸿洙）为人襟期磊落，丰标俊伟，发论洞见本末，身都贵显，与人处常抑然自下如不及。至当官，临事裁断，确然不为旁议所挠。"

吴氏始祖于明代洪武年间由河北枣强县迁至莱芜定居，人盛族望，名人辈出。八世吴鸿洙于明万历十四年（1586年）考中进士，是明代莱芜进士中唯一获第二甲的进士，官至山西布政司参政，抗倭名臣。其弟吴鸿功于万历十七年（1589年）考中进士，官至陕西布政司参政，文武咸备。其子吴暲于万历二十六年（1598年）考中进士，官至陕西按察司副使，治绩卓著。

吴鸿洙（？—1598年）字文衢，号凤城，吴来朝次子，今钢城南港村人。少年即留心世道，讲求经济之学。明万历七年（1579年）中举，明万历十四年（1586年）考取进士，任工部主事七年，主持过三项大的工程，节制谨严，不让当事人从中谋私利，其中节省水衡钱数万。万历十九年（1591年），典试四川，慧眼识才。后升任浙江参议，主督漕运。当时倭寇经常袭扰浙东，两台选择备兵，奏请晋升吴鸿洙为兵备副使，专制并海以东。吴鸿洙在任期间，重视海防，选拔精锐，训练士兵，昼夜防备，倭寇不敢骚扰。朝廷称赞其："哲戎修备，奠海波于不扬。"后升为浙江布政司参政，又迁任陕西参政，备兵岢岚。吴鸿洙为人"襟怀磊落，丰标俊

明·陈洪绶《隐居十六观》中的高士形象

兵民安堵危疆如磐石三年陞靖遠兵糧道陝西參政丁外艱回
扣以郵士卒軍中歡呼日數年來今日始獲一飽顧効死力於是
兵少糧匱羽書旁沓任歲飭將領及監收廳一切收勿得裁
移河南守道轉湖廣按察副使尋調蕭州兵備副使蕭孤懸天末
無一字請發司農異之手書稱歎三年事竣以義餘歸之於朝廷
管密雲糧儲密久呼庚癸絡繹向司農告匱暐至任飽馬騰而
直指怒劾格於部議調鎮江理直道事上獄多平反轉戶部郎
吳暐字中陽號瞻城萬曆戊進士初任歸德司李毅直不阿觸
雙崇祀鄉賢
西提學道晉陝西參政治績文章一時卓著與鴻洙齊名號二吳
子解元已丑進士改翰林院庶吉士任吏科給事中轉兵部壁山
吳鴻功字文勳號鳳岐來朝季子生而好學工詩古文辭萬曆戊
十年雙崇祠鄉賢
安同知賢聲益著謝政家居日與故人結詩酒社於誉龍峽幾二
賑饑稱循卓焉陞富羌守請就近以蜀鹽易晉鹽至今便之調西
恐公以採鑛往以討叛歸耳中使乃止遷隆德令裁驛挫瑶除殘
畢如松萬曆壬午舉人授新安縣知縣有中使詢及萊鑛如松日
性過人如此崇祀鄉賢
毅然不爲旁議所撓自奉甚儉而竭力以孝其親友于兄弟其天
期磊落丰標俊偉發論洞見本末居恒常然自下至臨事裁決

萊蕪縣志　卷十七　人物志　循吏　四

濟南啓明印刷社承印

清宣统《莱芜县志》对吴氏一族的记载

伟，发论洞见本末，居恒常然自下，至临事裁决毅然，不为旁议所挠，自奉甚俭"。万历二十六年（1598 年）去世，卒后崇祀为乡贤。万历三十三年（1605 年），因其子吴暐之功而诰封为中宪大夫。

吴鸿功（生卒不详）字文勋，号凤岐，吴来朝三子。明万历十六年（1588 年）考取山东解元，万历十七年（1589 年）考中进士。初为翰林院庶吉士，继任吏科给事中，转任兵科给事中，升任山西提学道，到任后，仕子争以为师。当时太原大旱，水源奇缺，他带领吏民打出甘泉一眼，并为泉作铭，其中有"人甘我自苦，我苦人得甘"之句，晋人以其为政公明，为立祠祭祀。他"治绩文章一时卓著"。与其兄吴鸿洙齐名，号称"二吴"。

吴暐（1577 年—1642 年）字中阳，号瞻城，吴鸿洙之子，今钢城南港村人。万历二十五年（1597年）中举人，万历二十六年（1598年）中进士，为吴氏"一门三进士"之一。初任归德府推官，以仗义执言触犯巡按御史而被弹劾，搁于部议。后朝廷为其平反，万历三十三年（1605年）皇帝发给敕命，称其为"英明朗识，介节通材"，"惟明惟允，不纵不苟"，任推官三年，"民无冤狱，吏绝舞文"，朝中官员交章举荐，考绩授其为文林郎，并赠其父为中大夫。补任镇江理官、又调任户部曹郎管密云粮储。上任三年，勤政廉洁，兵士精神饱满，战马膘肥体壮，节约七万余金上缴国库，受到司农赞赏。又调任河南分守道，在任多行惠政，登门学习者络绎不绝。

此后吴暐任湖广按察司副使、肃州兵备副使，当时张掖、酒泉战事不断，为保证军队粮草供应，他设妙计安全护送粮草至前线，并指示将领，一定要善待兵士，不得克扣军队开支，受到军民拥戴，为安定边疆立下战功。调任靖远兵粮道时，恩封三世。后调任陕西布政司参政，又调任陕西按察使管宁夏河西兵粮道，因其母去世，回家守丧，服除后调任山西守宁道副使。又调大同分巡道，在任"刷奸窦、扼大蠹"，三个月完成十几件大事，受到总制卢象升的器重，称其为"安封疆奠社稷，任事宏材，非吴瞻城不可"。后遭大宦官陈贵诬陷，愤然辞官归里。吴暐一生有"经营天下之志，匡扶世轴之材"，不卑不亢，不随不躁，为奸佞所陷，时人为之惋惜，临行前，总制卢象升与其握手洒泪相别，言：天不助我，公一去中原谁息兵戈也。

崇祯十五年（1642年）吴暐去世，礼部尚书王铎为其撰写墓志。

王道定

"治剧有余，理棼无扰，计书称最，从事独贤"

吏部尚书杨海丰曾手书一副对联相赠："正己须同包开府，牧民当法王涿州。"

王道定，字怀田，明中期济阳城西小邢家村（今属济阳街道）人，贡生出身。他做的第一任官是北直隶香河县（今属河北省廊坊市）知县。由于做事勤勉认真，作风雷厉风行，上任没有几个月就崭露头角。不久调任良乡县（今属北京市房山区）知县。在良乡任职期间更显示出非凡才干，政绩突出。

涿州（今河北省涿州市一带）位于北京以南，地处交通要冲，当时京中大员南下、南省官员晋京都要路过此地，因此，这里时常冠盖如云，熙来攘往。当地官员很是不易，单是迎来送往，就负担沉重，五年中换了四任州官，个个无功而去。于是朝廷擢升王道定为州官。王道定办事大胆老辣，快刀斩乱麻，很快打开局面。

民国《济阳县志》卷首《韶台远眺》

期间两件事处理得让人拍案叫好。

第一件是"籍权珰"（查没犯事宦官的家产）。当时有个宦官权倾朝野，作恶多端，无人敢惹。他一朝失势，劣迹败露无遗，被处抄家之罪。墙倒众人推，一些过去受过他陷害和倾轧的人，都想报仇雪恨，也有的想趁火打劫捞点外快。王道定被指派去登记清

道光《济南府志》对王道定的记载

王道定："治剧有余，理棼无扰，计书称最，从事独贤"

查宦官的家产，他既不徇情枉法、敷衍了事，也不蓄意构陷、罚不当罪，而是秉公办事，实事求是。凡属不义之财，一概籍没；凡属正当财产，绝不侵夺，自己在此事中清白无染。

第二件是"筑大工"。王道定奉命主持一项规模浩大的工程，在当时官场贪污成风的情况下，别人都认为这是一次发财的好机会，可是他日夜操劳，精打细算，厉行节约，工程如期完工，个人两袖清风。

朝廷因此对其多有赞誉："治剧有余，理棼无扰，计书称最，从事独贤。"说他在治理繁难的地方时游刃有余，处理纷繁的政务时不扰害百姓，各种账目最为清楚明白，做事情有突出的才能。吏部尚书杨海丰曾手书一副对联相赠："正己须同包开府，牧民

乾隆《济阳县志》对王道定的记载

当法王涿州。"意思是为官要自身端正，就要像包拯那样对自己也是铁面无私；管理老百姓，就应该效法王道定那样精明强干而且清正廉洁。

徐 榜
清刚纯朴，"三箴"昭昭

徐榜著《勤箴》专以北宋清官范仲淹和韩琦为榜样，写道：尔服之华，尔馔之丰，缕丝颗粒，孰非正供。居焉而旷厥官，食焉而怠其事。稍有人心，胡不自愧。昔者君子靡素其餐，炎汗浃背，日不辞难；警枕计功，夜不遑安。谁为我师，一范一韩。

徐榜，字白水，号荐所，安徽泾县中村人（今属云岭镇）。明万历十年（1582 年）选贡，廷试第一。次年中进士，初官工部虞衡清吏司主事，掌山泽采捕及陶冶器用、修造度量衡及军用器备。曾任济南知府，任职四年。

初到济南时，正值当地连年收成不好。徐榜到民间视察民情，发现当地有政令不一的问题，于是他亲手写了一幅字，传达给各下属，大意是说："各个部门所作的指挥和规划，就像开药方一样，至察其寒热虚实，而增减药量，做到对症下药，可以药到病除；倘无病而服药，则反为恙矣。"政令通畅后，百姓日渐安居乐业。

徐榜重视读书教化，在济南府设立"教童蒙始学"的社学，建立了明湖书院。社学招收 15 岁以下蒙童，教育内容为"六行"（孝、悌、谨、信、爱众、亲仁）、"六艺"（礼、乐、射、御、书、数）、"六事"（洒、扫、应、对、进、退）。社学每天分早学、午学、晚学三段施教。早学以能熟读为要，不求读多，以《孝经》《大学》《论语》等为教材。午读主要授以诗歌、书法、算学，选《诗经》和《九章算术》为教材。晚学教习礼仪，温习早学所读之书。

晚明的官场风云诡谲，山东离北京很近，在此为官者稍有不慎，便会丢乌纱帽。济南府有的州邑，官员上任仅仅数月便遭贬谪，有的不到一个月便被罢免。

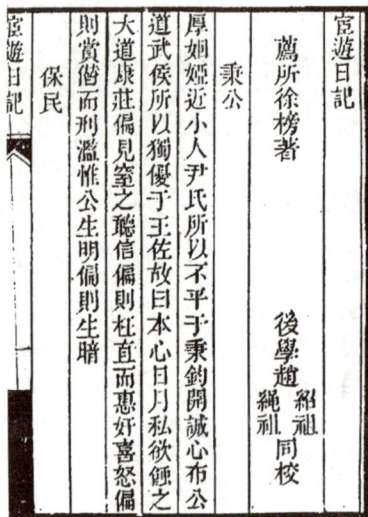

徐榜的《宦游日记》反映了其为政之道、为政之德与为政之术

对此，徐榜甚是惋惜。一次，他请示上级考察官吏的人，说："这些科贡之人，皓首穷经，研习辛勤，就像我一样。刚得到一官半职却突然被除名，这么做有点不合情理呀！"上级皮笑肉不笑地回答："如果像你这么说，一定会纵奸养寇的。让老百姓怎么过活？"徐榜回答道："怎么会纵容奸寇呢？如果朝廷不把万民捧在头顶，怎么会抚恤一家的苦难。今天被罢免驱逐的人，最多是罚谷数十石，赎锾数十金而已，他们的错误是咱们一同铸就的。大臣不遵守法纪，却唯独责备小臣不够廉洁，哪有这么不讲理的？"听者无言以对，徐榜告揖而退。

徐榜为政为官，"清刚纯朴"以范仲淹为"元神"。他在济南任职时著有《济南纪政》，记载在济南为官所治政事，并曾制定"三箴"来约束自己的言行。其中，《勤箴》专以北宋清官范仲淹和韩琦为榜样。他如是写道：尔服之华，尔馔之丰，缕丝颗粒，孰非正供。居焉而旷厥官，食焉而怠其事。稍有人心，胡不自愧。昔者君子靡素其餐，炎汗浃背，日不辞难；警枕计功，夜不遑安。谁为我师，一范一韩。

要勤政，当思百姓一丝一缕之艰辛，徐榜写有《官箴》：古者于民饥溺，犹己饥溺。心诚求之，若保赤子。于戏，入室笑语，饮醴啗肥；出则鼓朴，痛痒不知。人心不仁，一至于斯。淑问之泽，百世犹祀；酷吏之后，今其余几。谁甘小人而不为君子。

在知府任上，难免遇到各种诱惑，徐榜又写了《廉箴》来规范自己：惟士之廉犹女之洁，一朝点污，终身玷缺。毋谓暗室，昭昭四知。汝不自爱，神明可欺。黄金五六驼，胡椒八百斛，生不足为荣，死且有余戮。彼美君子，一鹤、一琴，望之凛然，清风古今。

徐榜将这"三箴"贯彻在自己的为官生涯中。他在济南时，章丘酒家推出的一款羊膏酒，获得酒界赞赏。羊膏酒亦名"羊羔酒"，在酿制过程中，要在酒料中加入一定数量的羊肉羊脂，把肉香透渗于酒体之中，从而形成风格独特的酒种。有一天，章丘县令带了十瓶特制的羊膏酒送给徐榜。徐榜坚决不要，并说："繁缨小物，孔子惜之，防其渐耳。之前的章丘县令从来没有送酒给知府的，你要是当始作俑者，那后面跟着做的人会越来越多。"自此之后，再也没有州邑敢送礼物给徐榜。

离任时，徐榜两袖清风，囊箧萧然。徐榜对儿子徐文礼说："你父亲清清白白做官，让子孙们吃一口安心饭，这家产留得够丰厚的吧！"此后，徐榜官至浙江右布政使。

这种廉洁的本色，一直延续到徐榜退休回家。他还从养生的角度，运用实际生活中的典型事例向人们分析了俭朴、敛心有益身心健康："俭有四益：凡人贪淫之过，未有不生于奢侈者，俭则不贪不淫，可以养德，一益也。人之受用，自有剂量，省啬淡泊，有长久之理，可以养寿，二益也。醉浓饱鲜，昏人神智，若蔬食菜羹，则肠胃清虚，无滓无秽，可以养神，三益也。奢则妄取苟求，志气卑辱，一从俭约，则于人无求，于己无愧，可以养气，四益也。"

年老时，徐榜在老家泾县的水西书院讲学，曾向弟子们感叹："吾辈历官居乡，营私肥家之念不可有。顾惜情面，阿谀上官之事亦不得入我胸次。"乡人颂其"以清白贻子孙"。

胡士奇

爱民课士，洁己勤公

亓诗教《胡公去思碑》："茹夙夜无遑之苦，甘拮据尽瘁之劳，洁己勤公，爱民课士，省刑薄敛，除害去蠹，凡所以扶持而安全者，不遗余力，且五年之内如一日焉。"

胡士奇（1585年—？），字君平，号浮冶，安徽天长县人。万历三十四年（1606年），乡试举人，万历四十四年（1616年）考中丙辰科三甲第八十八名。万历四十五年（1617年），任莱芜知县，在莱芜为官五年。

胡士奇就任莱芜知县时，正遇上山东大旱，莱芜尤甚。从万历四十三年（1615年）开始，已连续三年旱灾，万历四十四年（1616年）甚至出现"人相食""逃入淮徐地方以十数万"的惨剧。当时，莱芜进士、礼科给事中亓诗教上《饥民疏》，得到朝廷批准，发帑银二十三万两，截留漕粮以救荒。胡士奇到任时依旧凄凉满目，灾情严重。

《新修莱芜县志》卷四记载：万历二十四年（1596年）莱芜有五千八百二十九户，五万一千八百六十一口人，至万历四十五年（1617年），则为五千七百八十八户，三万两千九百七十四口人。人口下降了一万八千多人，可见灾荒造成的严重影响。面对极其复杂和艰难的局面，胡士奇没有退缩，他以汉代莱芜长范丹、嬴长韩韶为榜样，洁己勤公，兴利除害，积极作为，不遗余力，

康熙《新修莱芜县志》载胡士奇《莱芜县增修志序》

五年如一日，终于使"枯槁者生、甦瘵者起、流离者还"。亓诗教在《胡公去思碑》一文中描述了胡士奇治莱救荒、复苏莱芜的种种善政，称赞他勇担使命，积极作为：

> 侯之宰吾莱也，难非一端。夫以十室九空，灾青累见，有晋阳保障之难；悉索敝赋，檄急星火，有阳城抚字之难；劬劳于野，哀鸣嗷嗷，有鸿集中泽之难；不求声誉，左右无容，有善事上官之难；韩范往矣，遗风俱在，有媲美先贤之难。侯当此，谈何容易哉！乃侯不以此惮也，茹夙夜无遑之苦，甘拮据尽瘁之劳，洁己勤公，爱民课士，省刑薄敛，除客去蠹，凡所以扶持而安全者，不遗余力，且五年之内如一日焉。

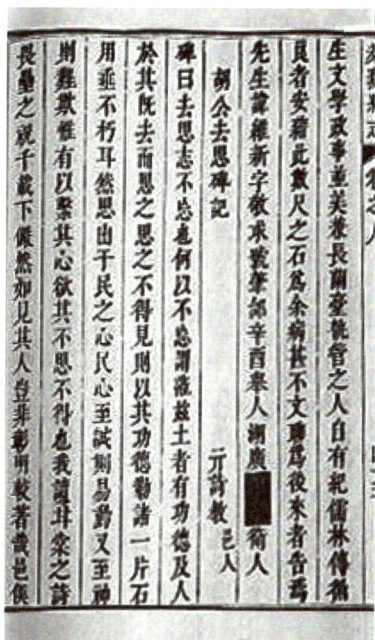

康熙《新修莱芜县志》中《胡公去思碑记》

文章开始还特别说明胡士奇"系民之心"，以民为本，所以应当立去思碑。亓诗教认为，胡士奇面临的困境超过春秋尹铎治理晋阳、唐代阳城管理道州、东汉末韩范主政莱芜时期，而胡士奇不畏险难，夙兴夜寐，鞠躬尽瘁，经过五年努力，使莱芜重现生机，说明胡士奇具备化解危机的卓越政治才干。文章还以唐代四川益昌县令何易于为例，对比胡士奇的遭际，说明胡士奇被破格任用为监察御史，依旧主持公道、造福苍生，莱芜百姓为他得到提拔感到由衷高兴。临别时，莱芜士民相送于道，涕泣于路，可见对胡士奇的深厚感情。文章末尾说明受士民之托，撰写德政碑，并提及胡士奇字号、籍贯及科考时间。

胡士奇作为莱芜地方名宦，县志对其事迹多有记载。叶方恒《新修莱芜县志·秩官志》记载："胡士奇，天长人，进士。四十五年任。重修县志。有传、有祠。"《新修莱芜县志·吏绩》记载："胡士奇，江南天长人。四十五年以进士任。重修县志。以行取为御史。就道之日，士民泣送，即于祖道之处建祠立碑。"《新修莱芜县志·建置志》载："胡公祠在城外东北隅三皇庙西。公讳士奇，治莱五

雪野湖

年，行取入京。就道之日，父老子弟皆泣送。又数年，士民思之，建祠以祀。详碑文。今废。士民泣送……又数年，士民思之，建祠以祀"，寥寥数语，足见其深入民心的德政口碑。

胡士奇父亲胡濂，号凤泉，志洁行芳，皓首穷经。胡士奇少时家贫，在萧寺学习儒家经典，每天仅吃两顿饭，从游者发现情况后，给他送饭，胡士奇推辞。胡士奇考中举人和进士时，其父胡濂都婉谢祝贺礼金。胡濂被称赞为地方的善士，八十四岁去世，被崇祀为天长县的乡贤。宋代名臣包拯曾在天长县担任县令，二十四孝之一"弃官寻母"的宋代孝子朱寿昌也是天长县人。父亲婉拒礼金、清白做人的优秀家风，包拯廉洁奉公、忠于任事的品质和朱寿昌的孝道德行，都对胡士奇廉洁从政产生了积极影响。

胡士奇在后续任职中一如既往发挥治莱精神，廉洁奉公。《江南通志》卷一百五十记载："胡士奇，字（应为号）浮冶，天长人，万历丙辰进士，授莱芜县知县，擢御史，巡按宣大，尝抗疏劾魏忠贤。"

在监察御史任上，胡士奇仗义执言，实事求是，勇于上疏进谏。天启三年至五年（1623年—1625年），巡按辽东、直隶期间，为方震孺辩白冤屈。大同知府窦可进《送胡浮冶侍御》"五色骢蹄原蹀躞，千年豸角自峥嵘"期许其志节。天启四年（1624年），胡士奇上疏弹劾阉党魏忠贤，刚正不阿。他还积极慰问因弹劾魏忠贤落难的李应升，足见其重情崇义，正直担当。进士仙克谨在诗中称赞他说："松柏不随霜改色，清心高与白云飞。""一枕烟霞君耐老，于门千载重天长。"

天启六年，胡士奇升任为福建按察司副使。他还曾对天长漕运交兑提出良好建议，以减轻百姓负担。

张梅亭所编《莱芜县志》记载汉代至清末宣统年间名宦二十七人，除名宦祠集中祭祀外，单独建祠堂的莱芜知县共有六人：范丹、韩韶、郭邻、冯盛明、胡士奇、武士豪。清何联甲《莱芜乡土志·名宦祠》、清颜希深乾隆《泰安府志·宦绩》、民国《续修莱芜县志》，均收录胡士奇事迹。

（根据尹祚鹏《莱芜廉政知县胡士奇》一文整理改编）

于慎行
平阴于阁老，三代帝王师

于慎行是晚明政坛饶有声誉的领袖人物，也是著名的文学家、史学家。其一生清正廉明，品行高洁，立朝居家，俱有风范，甚至被誉为"有明一代之完人"。

于慎行

于慎行（1545年—1608年），字可远，又字无垢。东阿县东阿镇（今平阴县东阿镇）人。出生于书香世家，父亲于玭官至庆阳府知府，好读书，工古文词，落笔万言，以节廉著于乡。母亲刘淑人端庄贤惠，娴于书史。兄长于慎思、于慎言也博雅多才，善于诗文。于慎行曾官至礼部尚书，三代帝王师，被家乡人称为"于阁老"，"学有原委，贯穿百家"，在文学上造诣颇深，与临朐冯琦并称"文学之冠"；主持编纂的《兖州府志》，被称为旧方志中不可多得的精品。

于慎行自幼聪颖绝人，勤奋好学，十岁通《诗经》，十三岁补博士弟子员第一，十四岁试童子科，府县皆第一。嘉靖三十八年（1559年），山东布政使朱衡将于慎行招至馆下，使之与其子朱维京一起学习。在济南三年，于慎行曾先后师从郑日休、张天衢、黄应麟等人，并崭露头角。嘉靖四十年（1561年），乡试中举，年仅十七岁。发榜次日，按例举行乡饮之礼，宴请考官和中试举人，谓之鹿鸣宴。主考官非常器重于慎行这位青年才俊，提出要在鹿鸣宴上同时为他举行冠礼（即成人之礼）。于慎行以未奉父命而婉辞，一时传为美谈。

隆庆二年（1568年），于慎行考中进士，赐进士出身；又因殿试成绩优异，且文笔出色，备受赏识，遂改翰林院庶吉士。在馆学习期间，于慎行深得殷士儋、赵贞吉等人的器重，并因表现出色，于隆庆四年（1570年）授翰林院编修，参与修撰《肃皇帝实录》。隆庆五年（1571年），因官俸微薄，不能保朝夕，加之体弱多病，于慎行致仕养疾。次年，起复，奉诏修撰《穆皇帝实录》。万历二年（1574年），于慎行充任会试同考官。同年，《穆宗实录》修成，擢任翰林院修撰，编撰《六曹奏章》。万历四年（1576年），朝廷重修《明会典》，于慎行被选为纂修官，并被推选为日讲官。按当时惯例，只有知识渊博、资深年长的翰林院学者才能充任皇帝的日讲官，而于慎行能以史官身份获此殊荣，可见其学识功底深厚。

于慎行为皇帝讲经史，不拘泥于章句，"每至成败得失之际，未尝不反复论说，上辄为竦听"。有一次于慎行讲完经书后，神宗拿出御府图画，让近侍官员欣赏，并令分别题诗。于慎行不善书法，诗成之后，只好请别人代为书写，并将实情禀报。神宗欣赏他的坦诚，当即写了"责难陈善"四字赐之，一时在词林传为佳话。于慎行前后为神宗讲读经史达十四年之久，后来他把历年讲稿整理成《经筵讲稿》，刻印成书。

万历初年，张居正当国，推行改革，很大程度上解决了明后期严重的社会问题，成效显著，但他的擅权独断，也引起了朝中百官的不满。御史刘台上书弹劾张居正而被捕下狱后，同僚皆避此事不及，唯恐引火烧身，而于慎行独往视之。万历五年（1577年），张居正的父亲病故。按当时的官员丁忧之制，张居正须解职回家守孝，但张居正担心自己的改革半途而废，更担心从此大权旁落，便让其门生故吏以"夺情"之制为由上书朝廷，请求留任张居正。在"百善孝为先"的传统社会，张居正的这一做法遭到了群臣的强烈反对。于慎行亦偕同其他官员以"乱纲常大义""贪位忘亲"多次上疏，请求皇上阻止张居正的这一有违礼制的做法。张居正他日见到于慎行后，便诘责道："子吾所厚，亦为此耶？"于慎行从容地回答：正是因为深交之故，才会如此。不久，于慎行因疾归隐。

于慎行赋闲居家期间，应东阿知县朱应毂之邀，与同里孟一脉重修《东阿县志》。此外，他还多次携友登临泰山，并写下了《登泰山记》《同朱可大廷平登岱八首》等诗文，除了吟诵故乡山水佳色外，还表达了其仕途失意之情以及"先天下之忧而忧"的责任感。

万历十年（1582 年），于慎行被重新起用，擢任左谕德，日讲如故。他为人诚实敦厚，笃于行义。张居正去世后，其生前异己多落井下石，极尽诋毁之事。当刑部侍郎丘橓奉旨籍没张居正家产时，不计前嫌的于慎行特致书丘橓，劝其念及同僚之情，替皇帝宽大施恩，照顾张居正八十多岁的老母及其未成年的孩子，请词恳切真挚，为时人颂扬。

万历十三年（1585 年），于慎行晋升为翰林院侍讲学士。次年，复以充廷试读卷官而擢为礼部右侍郎兼侍读学士，再迁左侍郎。万历十五年（1587 年），续修《明会典》成，于慎行等主修官员得到增俸一级的奖赏，同时于慎行也赢得"一代良史"之美誉，时人称誉他"在词林中最号有史材"。万历十七年（1589 年），

平阴县博物馆藏于慎行《东阁衣冠年谱画册》，画册为于慎行 60 岁寿辰（明万历三十三年，即 1605 年），由会稽金生雅工写照

复为会试知举官。考满，改吏部，再迁礼部尚书，为朝廷重臣。于慎行熟谙典章之制，诸多大礼制多由他裁定。

万历时期，国本问题备受朝野关注。当时神宗皇后无子，王恭妃、郑贵妃先后生下皇子朱常洛和朱常洵。朱常洛虽贵为皇长子，但郑贵妃恃宠想为儿子朱常洵谋得太子之位，万历皇帝也有意立朱常洵为太子，故朱常洛迟迟不能被立为皇太子。身为礼部尚书又熟悉典章制度的于慎行遂连连上疏，要求早建东宫以定国本，因此大怫帝意，遭神宗诘责。后来，恰逢山东乡试发生泄题事件，谏官以此弹劾礼部官员，作为礼部尚书的于慎行于是就引咎辞职，乞休归养。

于慎行又归隐居家十几年，一直到万历三十五年（1607 年）五月，廷臣推举内阁大臣，于慎行名列首位，诏加太子少保兼东阁大学士，入参机务。于慎行当时身体抱恙，十一月入京数日后即去世。神宗得知于慎行去世的消息后，特命刑部郎中金继震护其枢归乡，工部侍郎刘元森奉旨遣通政司右通政王允光亲自到东阿洪范督建墓地。赠太子太保，谥文定。

于慎行平生勤于读书，贯通经史，求为有用，著作有《谷城山馆文集》《谷城山馆诗集》《读史漫录》《谷山笔麈》等，时人评价颇高。其史评专著《读史漫录》十四卷，按时代编次，通过对历史事件及人物的评价，探究历代兴衰治乱的原因，以借古鉴今，振奋朝纲，复兴朝政。《谷山笔麈》十八卷，采用笔记体的形式，论述了明代万历以前的典章、礼乐、人物、兵刑、边塞、边事、释道、财富等，包括明代内阁、封藩、宦官、职官、勋戚、科举、刑法、财赋、边备、朝仪，以及内阁互相倾轧、官场腐败、士林丑闻等，皆记载详细，是一部著名的笔记文献，对明代和明代以前的社会历史研究，具有较高参考价值。

于慎行生活的浪溪河畔

　　《兖州府志》的编纂，则是于慎行史学成就中最为人所称道的成果。《兖州府志》五十二卷，历时三年修成，体例严谨，内容翔实，所记兖州所辖四州二十三县的沿革、建置、山川、风土、帝迹、圣里、国纪、天潢、职官、选举、田赋、户役、学校、兵戎、驿传、河渠、盐法、马政、古迹、陵墓、祠庙、寺观、宦迹、人物、典籍、艺文、灾祥、丛谈等颇为详尽，其中以记人物、圣里、艺文及社会经济最著，堪称明代方志之杰作。此外，于慎行还编纂有《东阿县志》十二卷。

　　于慎行为学，实集经学、史学、文学于一身。当时文苑中便认为于慎行与冯琦为文学一时之冠，将其与冯琦、公鼐并称为"山左三大家"。于慎行为文雍容宏富，典雅和平，被推为"大手笔"。其《谷城山馆文集》四十二卷和《谷城山馆诗集》二十卷，收录了其大部诗文作品。当时"后七子"的文学复古之风盛行山左，而于慎行虽与"后七子"代表人物李攀龙为同乡，却能够对"后七子"的文学复古运动进行批判总结。因此，钱谦益在《列朝诗

永济桥边

于林

集小传》中称其诗文"夫惟大雅，卓尔不群"。《四库全书总目》
也认为在明代复古氛围中，于慎行的"诗典雅和平，自饶清韵，
又不似竟陵、公安之学，务反前规，横开旁径，逞聪明而俪古法。
其矫枉而不过直，抑尤难也"。于慎行在诗歌文学上反对复古的
主张，既是其正直人格的鲜明写照，也是时代文学思潮的深刻反映，
对中国文学的发展具有重要意义，也由此奠定了其在中国史学史
和中国文学史上的重要地位。

高 时
淮干保障，驿路风清

高时在新安府任职五年，除正常薪俸之外，没有一丝灰色收入，新安官民极为敬佩，称之为"百年不遇的清廉之官"。

高时

高时（1522年—1619年），字师孔，又字子中，号念吾，明代济阳县人。自幼聪颖勤学，十六岁考取秀才，成为府学生员。隆庆元年（1567年）乡试中举，次年金榜题名中了进士。初仕山阳（今江苏省淮安市内）知县，最后升任山西省左布政使。

山阳县地近淮河，高时到任时，淮水泛滥，一片汪洋。下车伊始，他便昼夜奔波，一面赈济抚恤灾民，一面召集壮丁在杨柳浦等处修筑堤坝二百余里，拦堵洪水。水灾过后，对县内徭役征调和赋税征收的烦琐做法予以革新，减轻百姓负担，百姓颂扬其为"淮干保障，驿路风清"，称赞他是防止淮河泛滥成灾的保障，为官以来两袖清风。当他离开山阳，调任南京户部河南司主事时，百姓拦道挽留，走后为其塑肖像，立碑碣来怀念其政绩。

万历初年，高时由南京户部主事改北京户部主事，不久升迁为郎中。奉命到江西检查粮食的储存情况，并监督向国库解运。在检查中他做事清廉，无任何中饱私囊之事，更无一丝骚扰地方、渔利百姓的行为，清廉之名远播四方。督查完毕，升任新安府知府。

高时到新安任后，发现国库里储藏的金帛等物资常常被奸猾官吏所侵吞，于是便积极行动，弄清原委，清除贪官污吏，惩治豪强恶棍，揭发并严惩了这些不法之徒，此举大快人心，社会风气明显好转。新安府是富饶之乡，一般人认为在此为官定能发财。但是高时在新安府任职五年，除正常薪俸之外，没有一丝灰色收入，新安官民极为敬佩，称之为"百年不遇的清廉之官"。调任浙江观察副使时，被新安人遮道相留，一如离开山阳县的情景。在浙江任职期间，他荡平海盗，功绩卓著，万历皇帝下令在济阳县城内为他建起"玉节冰符"牌坊。

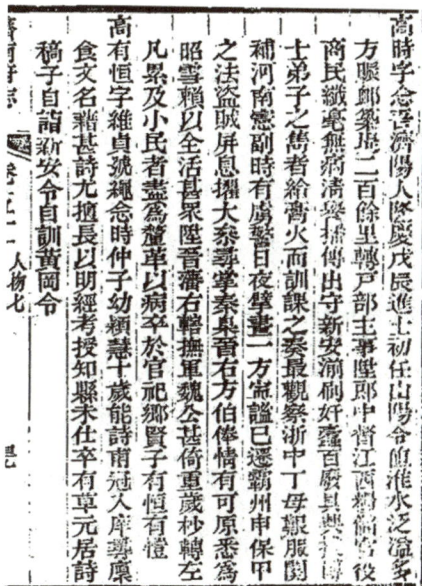

道光《济南府志》卷五十一对高时的记载

高时由浙江观察副使升任河南提刑按察副使，驻守霸州城。霸州所属的涿鹿县地处京城之南的要冲，南北来往的官员车水马龙，络绎不绝。特别是京城要员路经此处时，驻守官员不仅要去参拜，还要奉以重礼，俨然已成为一种习气。涿鹿的官员鼓动他照旧例行事，高时不为所动。

万历二十四年（1596年），高时升任山西省右布政使，次年赴任。山西省巡抚魏某非常器重他，每有难决之事总是征询他的意见。年底他转左布政使。高时任左布政使，正是举行乡试的一年，他筹备科考的各种事宜，昼夜操劳，劳累过度，一病不起。病危时他给家人说："我来治理山西，一些措施还未来得及施行，还没给山西人民带来什么好处，此为我终生遗憾。"

高时孝敬父母，友爱胞妹。在浙江任职时，顺路回家探望母亲，意欲携带老人到他任上去，以便朝夕侍奉，无奈老人牵挂三个女儿执意不肯随行，他只好把妻子留在家中伺候母亲，只身赴任，又把自己的薪俸和家中的肥田分给三个妹妹。

高时极重情谊。他儿时曾拜一位伯祖为师，为官之后即以薪俸供养伯祖。伯祖去世后留下一幼子，高时便将其抚养起来，后来又把部分田产赠予他，使其成家立业。高时少年在家读书时，有个姓朱的邻居很看重他，二人成为朋友。一次他回家时想与这位老友叙旧，可是这位老友以为当今二人地位如此悬殊，竟然躲避起来。他知道后还是想法把老友请来家中，二人畅谈往事，快乐得就像小时候一样。

高时德高望重，成为子孙后代的楷模。后辈竞相上进，良好家风代代相传。高氏家族中涌现出多个优秀人物，其中被收入县志并立传者就有十余人。次子高有恒，以贡生资格考取知县，著有《草元居诗稿》；三子高有恺，崇祯末年于济阳抗清，以身殉国。

吴来朝

一生一任亦千秋，鱼水之情长相守

我家洗砚池头树，朵朵花开淡墨痕。不要人夸好颜色，只留清气满乾坤。

——元·王冕《墨梅》

吴来朝

吴来朝（1537年—1620年）字义庵，世称封君，明代莱芜（今钢城南港村）人。明万历三年（1575年），考取贡生，万历二十年至万历二十三年（1592年—1595年），以岁贡任山西省荣河县（今临猗县）知县。

荣河为山西西南部的边远小县，濒临黄河，偏僻落后，田园荒芜，多数土地为茅草荆棘覆盖。吴来朝到任后即号召百姓垦荒种田，并采用"以工代赈""官府出钱收购茅草"的办法，激发了百姓开荒的热情。月余，草场茅根堆积如山。为支付茅草款，他拿出了自己全部积蓄用以支付老百姓的茅草钱。部分百姓对此举不解，民间甚至嘲讽说："糊涂老爷糊涂官，雪花银子买草山。价格不断涨，茅少更值钱。人家买卖为赢利，知县收草光赔钱。"在茅草荆棘挖尽后，他又手把手教百姓耕种，使一县荒地尽化为良田。

吴来朝勤政廉洁，爱民如子，为荣河县的发展和百姓生计倾注了大量心血，与当地百姓结下了鱼水之情。吴来朝执政有方，德政突出，全县政通人和，林茂粮丰，受到皇帝的赏识，于是下旨让他进京辅佐朝政。但由于百姓跪阻挽留，连续三次提升都未能成行。接旨进京赴任时，县衙府院里都摆上香案，举行简单的辞行仪式。可举行完仪式将要启程时，当地官吏、县绅、乡绅和

吴来朝：一生一任亦千秋，鱼水之情长相守

建碑立祠有段母之謠壽至九十

朱紳號次山由選貢任元氏丞丁內艱歸起復補曲陽五年清謹
自勵連攝并陞阜平隆平饒陽曲陽縣豪吏民畏服以御史薦陞
鎮安知縣鎮安僻處商雒萬山中民探礦爲利多聚椎埋惡少且
好鬬健訟下車禁私採嚴刁誣其風遂革以不能事上官左遷韓
藩審理棄官歸以子貴累封賚政大夫

吳來朝由歲貢任山西榮河縣知縣縣民遊惰土田荒蕪來朝出
貲購茅棘民爭艾刈送縣庭乃教民耕給以牛種歲餘一縣皆化
爲良田又令夫人教人紡織由是戶口繁盛甲於他縣生平取法
聖賢效效好學不慕顯貴而子若孫文章政蹟焜耀一時人以比
之荀淑韓億云

萊蕪縣志 卷十七 人物志 循吏 三

吳鴻洙字文衢號鳳城來朝子由進士任工部主事凡視大工者
三祠節謹度不令中貴人耗蠧其中省水衡錢以數十萬計出典
蜀試稱得人擢浙江參議督漕運盡祛積弊會俄警浙東告急兩
臺擇備兵其地者曰非吳鳳城不可乃疏請徒鴻洙特上書力言
專制蓮海以東時朝鮮已中倭其聲勢益大人心不免張皇廟議
欲聽倭和且封之許由寧波通貢鴻洙特上書力言封不可假貢
不可通竟竢其議誠者趨之駐海上三年簡練士卒皆精銳可用
東南晏如後陞山西參政備兵嵼嵐撫臣謂鳳城不可一日去浙
疏請留之報可越歲以入賀行浙人望其復至而歸遠卒爲人禊

清宣统《莱芜县志》卷十七对吴来朝的记载

黎民百姓便纷纷从四面八方赶来。男男女女，扶老携幼，熙熙攘攘，浩浩荡荡，从县衙大院一直到大街小巷，跪着一片片黑压压的人群。"跪阻"民众达十几里，苦苦阻拦和挽留，哀求声不绝于耳："您不能走啊！大老爷啊！留下来吧！大老爷啊！我们信任您！依赖您，您不能走啊！"有些白发苍苍的老人，哆哆嗦嗦在那里长跪不起。吴来朝看到这惊人场面，感动得热泪盈眶。他对大家说："我吴来朝不走了，留任荣河一辈子，荣河就是我的家。"

吴来朝应允"久任荣河"不再进京就任，但必须进京复旨，递交奏章，奏明圣上。万历皇帝阅完奏章后，方知吴来朝不能前来京城奉君的因由，皇帝不禁为吴来朝愿与荣河同甘共苦、长期造福于荣河人民的德政所感动，赞道："来朝乃真君子也！"

吴来朝致仕回归故里后，荣河县百姓还以万民伞与匾额相赠，在莱城建"吴公生祠",并用荣河土为其塑像,在祠内墙壁上彩绘壁画记述其政绩:过秤收茅、扬鞭耕地、执尺间苗、汲水浇田、养蚕缫丝、纺线织布、巡视农桑、拜贤访老、讲经课士、攀辕送行,祠堂门上高悬题有"荣河遗爱"的匾额。荣河百姓每年雨季到来之前,都自发编制草苫,到当年草场披苫盖草,以示保护他的恩泽永存,此风俗一直延续至清末民初。

辞官回到故里后,吴来朝设置了部分义田以顾赡贫穷的族人。当时,吴门宗族远近有数百人,温饱不能自给的,患病无钱医治的,

钢城区的澜头村一直有吴氏后人居住,并保留清代建筑吴家大院

婚葬无力操办的，还为数不少。为了实现先人的夙愿和解决现实问题，他就向儿子们宣布说："你们都勤于事业，而且各有成就，衣食没有忧虑。先人遗产四百亩，应当全部捐给族人，以便帮助解决他们的困难。"于是，他便召集族众，讲明意图，立下捐赠契约，还购得一所城宅，以备因事到县城的族人居住。并当众郑重地说："从今以后，大家都要互敬互让，和睦相亲。不要走偏邪不正的路，不要做悖理不义的事。遵守国法在于毫不违犯，训诫要牢记不忘。让世人看我们是优良氏族，这样，族祚悠长，能如是，先人也可含笑九泉了。"仅仅几年，族中再也没有人啼饥号寒，流散外地的也都回到了家园。祖先有人祭祀，县吏没有传唤，家族日见繁盛。农忙时大家勤恳耕作收获，闲暇时共同嬉游玩乐，都过着安定幸福的生活。

吴来朝的饮食起居很是俭朴，平日里穿着土布衣衫，饮食粗茶淡饭。早起晚睡，读书写作，生活很有规律。他对子孙要求非常严格，不论居官的，读书的，还是务农的，都要严守本分，勤奋竭力，矜持操守，正直而清白地做人。为使孙辈均能自食其力，就将四世同堂的几十口之家分居，迁徙八个村庄，均给购置少量田产，建起茅屋草舍，仅供维持一般生活。并谆谆教诲："要勤俭持家，珍惜财物，即使婚嫁丧葬都要从简操办，不可铺张奢费。不能依赖长辈家产而好逸恶劳，更不能仗势父祖功业而骄横凌人。"后辈都能守法遵训，克勤克俭，自强自立。

他平生孜孜好学，精通经史文籍，善于撰文写作。从入塾读书，就以圣贤之道作为自己的立身之本。除完成规定的课业外，还大量阅读其他书籍。长大后，还热衷稽考古今史实，崇尚论迹先贤往哲的言行。视野逐渐开阔，学识日益丰富渊博。在任知县期间，每天处理完公事，闲暇时间仍坚持博览经书，研究文史。告老归里后，虽然年事已高，依然研读不辍，并集中精力著述写作。返乡后主持编修《吴氏族谱》。民国《续修莱芜县志·艺文志》记云："莱邑为古文者，始于吴来朝，而其集不传。"现仅存《义庵公族田》碑文、莱芜《忠贤祠记》碑文、《重修莱芜县志序》文。

亓诗教
千言《饥民疏》，毅然一身先

    亓诗教为官清正，务实高效。在任淮安一职时，曾受到万历皇帝的嘉奖。皇帝敕曰："亓诗教志行端纯，才猷朗练，自抡廷献，在理邦刑，而尔能察，民自不冤，庭无滞讼，大吏称尔能者数矣，朕实嘉之是用，授尔阶林文郎。钦此。"

亓诗教

亓诗教（1557年—1621年），号静出，又名龙峡散人，莱芜牛泉镇李条庄人。亓诗教自幼天资聪颖，善学好问，擅长诗文，但因家境贫寒，青年时亦不能得志，他锲而不舍坚持学习，终于大器晚成，明万历二十五年（1597年）中丁酉科举人，次年中戊戌科进士。一开始被授为荆州、淮安推官，奉圣命巡抚河南等地方兼提督军务，历任督察院右金都御史、前翰林院提督、四夷馆太常寺少卿，后升任礼部给事中，官至二品，深受朝廷的宠信和重用。

亓诗教为官清正，体察民情，为政务实高效。在任淮安时，曾受到万历皇帝的嘉奖。皇帝敕曰："亓诗教志行端纯，才献朗练，自抡廷献，在理邦刑，而尔能察，民自不冤，庭无滞讼，大吏称尔能者数矣，朕实嘉之是用，授尔阶林文郎。钦此。"

擢升礼部给事中后，亓诗教身为朝廷重臣，时常出入宫内。他是进士出身，且从基层提拔到礼部任职，有着丰富的工作经验。身为礼部官员，一言一行都在朝廷之人的关注之下，言语之间稍有不慎，便可招来祸端。但是，亓诗教从朝廷利益出发，遵从民众意愿，不光政绩突出，为人处世也得到了皇帝和同僚们的赞赏。

生活的坎坷和家庭的贫困，从小磨炼了亓诗教刚强不阿的性格。他中年得第，处理机务，料理朝廷事务稳重老练，襟怀坦白，

鄉賢附見

鄉賢者何一鄉之賢也鄉有賢則俎豆之矣然則見
言乎附見曰未崇祀也賢則易爲未崇祀曰俟論定
也匹夫抱尺之義猶汲汲焉傳之士君子格于清
議反無以表見于後世吾故附見之以俟後之論定
者

亓詩教號靜初萬曆戊戌進士歷官詳選舉誌中萬曆四
十三年東省大饑次年正月人相食公特疏請賑得發
帑銀二十三萬全活甚衆鄉人祠之所著有萊蕪縣志

萊蕪縣志《卷之六》　　　二十九

亓氏族譜禮垣草藏于家

李九官字相虞號雍時居苗山父邢佐好陰行善事四十
始舉公公貌偉秀外和中介于世落落若無所與及當
事則絕廟遯就丁未成進士司李荊州斥稅耗五千金
以外艱歸起補西安理尋留部選授山西道御史出按
宣大嚴保甲繇亭障清屯勵士與之更始澄清之譽動
挺山岳内覲起復補江西道再按浙江以疾歸遂不起
畢生輝舉孝廉任辛陽及雄縣教諭所至爲督學使者重
成壬戌進士令武清審通都門竿牘數至弗應有董太

康熙《新修莱芜县志》卷六《人物志》对亓诗教的记载

光明磊落。万历四十三年（1615 年）五月，发生了明末三大疑案的第一案——梃击案。案子发生后，朝中势力各执一词，亓诗教在众说纷纭之际，抗颜疏请严鞫，以正纲纪，最后涉案犯张差被斩首示众，牵扯此案的部分官员被革职，舆情争端得以迅速平息，没有造成更大祸乱。

也就在这一年，山东省境内遭遇了百年不遇的特大旱灾，从春天到夏末滴雨未下，夏季庄稼颗粒不收。随即又招了蝗灾，秋季庄稼几乎绝产。在这种情况下，人心惶惶，怨声载道。此时，山东境内部分地区农民也被迫揭竿而起。山东巡抚钱士完不敢怠慢，立即奏报户部请求赈灾。户部经过研究，同意从临德官仓拨给仓米十万石，以救济山东灾民。偌大个山东，十万石粮食犹如杯水车薪。这时，身为礼部给事中的亓诗教，深为家乡人民遭灾而心痛，也为朝廷江山社稷而忧虑。他仔细审阅了山东巡抚钱士完的奏折，了解分析山东灾情以及局势的走势，而后召集在京的山东籍官员进行了研究，礼部尚书赵秉忠（青州人）也在其中。但是，在京官员虽然对家乡的灾情表示同情和关注，却没有一个敢直言面对朝廷说话的。

亓诗教身先士卒，他冒着被罢官甚至杀头的危险，直接上书皇上。在洋洋洒洒的千言《饥民疏》中，他从政治、经济、军事、地理等方面加以分析，从历史上历次农民起义的原因以及给国家带来的灾难加以论述，博古论今，观点明确，言辞中肯。他从国家政策存在的弊端，与苛捐杂税给农民带来的危害角度指出：必须废止农民正常赋税之外的额外负担。亓诗教在疏中谈到山东农民起义的规模、形式和山东所处的地理位置时，力陈："山东海处其东，南接江淮，西通河洛，北则直拱神京称门户焉。青州一府凭负山海为四塞都会，其人多好侠使气，习射猎为常，易动难安，尤诸郡所视以为嚆失者。自昔草泽之雄尝出期间，既在我朝亦数举见之，如石棚寨的妖妇之乱，矿贼王镗之乱，大盗杨思仁号为赛宋江之乱皆在青州所属境内，至烦调遣乃克平定。今安丘非其覆辙耶，盖青州动则东

李条庄保留下来的亓氏祠堂

省摇，东省摇则中原之路梗，而京师震，辇下戒严矣。"直言不讳地道出了山东交通的重要地理位置，以及山东的稳定和安全在朝廷所处的重要地位。

关于朝廷如何对待叛乱的灾民，亓诗教在疏中讲道："欲捕乱民必先救饥民，乱民非尽出于饥民，饥民非尽入于乱民，我无所以救之，则乱民之为招，饥民为之驱，愈捕愈多不胜捕也，我有所以救之，则饥民不复趋之去，乱民不复招之来，或捕灭之或解散之，则一举可定矣。"指出朝廷在赈灾时要分清灾民与乱民，要区别对待。

在论述出现农民起义的原因时，亓诗教在上疏中一针见血地指出："自古国家之祸非一端，而其中盗贼之乱居多，小者不论，论其大者，如秦之关东盗、汉之黄巾、唐之曹濮、元之汝颖，虽其人旋起旋灭终不足以大事，但乌合之势既集而隅负之局……也难以收拾。盗贼之乱，虽民之所乐为也，非困于大役，即迫于饥寒，非重以天灾，则益以虐政，无生之乐，有死之心。"为了安抚饥民，镇压叛乱，国家必须耗费大量的人力、物力、财力。所以说，在没有形成大规模的农民起义之前，治乱必须先治本，起义的原因就是迫于饥饿，解决饥民的生活问题，叛乱自然平息。

为了保全山东百姓的性命，亓诗教向皇上提出三大赈灾措施：第一，特发帑银十万两；第二，从上缴朝廷的税银中酌留十万两；第三，免除山东六郡包税二万三千两。这三项措施，很快得到了万历皇帝的准许，并尽快得到了实施。与此同时，亓诗教因上疏有功，得到了万历皇帝嘉奖，敕曰："尔礼科给事中亓诗教博大渊冲，贞纯直亮，论事则迅于发机洞于破的，论人则鉴无遗照权无失衡。改授尔阶征仕郎锡之。朕受纳谏之实，天下享直言之利，则于尔有厚也。"

在此基础上，亓诗教又对朝廷在山东推行的粮食征购政策存在的弊端，提出了自己的意见和建议，并用停征、改折、抵平、留人四种方法，调整山东粮食征购政策和税收方面存在的问题，解救了山东百姓，解决了特别是青州一带的叛乱，饥民免遭生灵涂炭。为了感激亓诗教对山东百姓所做出的巨大贡献，莱芜、青州两地百姓在莱城城西为亓诗教建造了生祠，以表达对他的爱戴之情。

坐落在小曹村的亓诗教生祠，气势雄伟，规模宏大，整座建筑飞檐斗拱，雕梁画栋，苍松翠柏，是时堪称莱芜祠堂之最。有诗为证：

魑魑静初祖，独立万仞巅。河南开府临，孤月当空悬。

清风携两袖，大任克负间。当其立朝日，风霜肃班联。

每有所论列，毅然一身先。其时东省饥，青州独尤焉。

洋洋数千言，至诚乃格天。亿万万生灵，顷刻获安全。

公德系人思，功业垂史篇。

一首诗道出了亓诗教为整个山东黎民百姓做出的贡献，显示了他的人格魅力。作为一名封建官吏，能从家乡人民的愿望出发，体恤百姓的疾苦，其精神是难能可贵的。为官未敢忘忧民，在亓诗教一生中得到了具体体现。

亓诗教一生著述除《礼坦疏草》《莱芜县志》《饥民疏》外，还有《石痴居士传》《清闲词》《石痴诗集序》等存世。崇祯六年（1633年）亓诗教去世，享年七十六岁，葬在苍龙峡西侧。其好友谭性教与章丘焦馨中丞为其撰写墓志铭。朝廷为其立"都宪坊"，横匾为"都宪"，下刻"海内第一瑞人"，背刻"为河南巡抚亓诗教立"。

黄克缵

惠政甚著，爱民礼士

黄景明在《宦梦录》中对黄克缵多有赞誉："少保黄公克缵，居官廉甚，抚齐十二载，家无厚赀。"

黄克缵

黄克缵（1550年—1634年），字绍夫，号钟梅，福建晋江梅林（今石狮市永宁镇梅林村）人。黄克缵是明代后期极有影响的名宦，曾任刑部尚书、工部尚书、两任兵部尚书，晚年又被起用为吏部尚书，他为官清廉正直，民间戏称其"黄五部"。在明代一百零一位山东巡抚中，主政山东时间最长的当属黄克缵。

黄克缵自幼聪明机智，胆识过人。《泉州府志》记载他"十余岁时，遇辛酉倭乱，慷慨对贼，请代兄死，贼奇而释之"，此事在当地传为美谈。万历四年（1576年）考中举人，万历八年（1580年）考中进士。初任寿州知州，后升任刑部员外郎。不久，出任赣州知府。万历二十七年（1599年），升任山东布政使。万历二十九年（1601年），升任右副都御史，巡抚山东。万历四十年（1612年），因功绩显赫，擢升兵部尚书，以故功任南京参赞机务。万历四十七年（1619年），改刑部尚书。明熹宗朱由校于天启元年（1621年）即位后，黄克缵加太子太保，第二年再次出任兵部尚书。天启四年（1624年）十二月，又被召为工部尚书。崇祯元年（1628年），明毅宗朱由检即位后，再次起用黄克缵为吏部尚书。崇祯七年（1634年），黄克缵辞世，谥襄惠。

自万历二十七年（1599年）任山东布政使，到万历四十年（1612

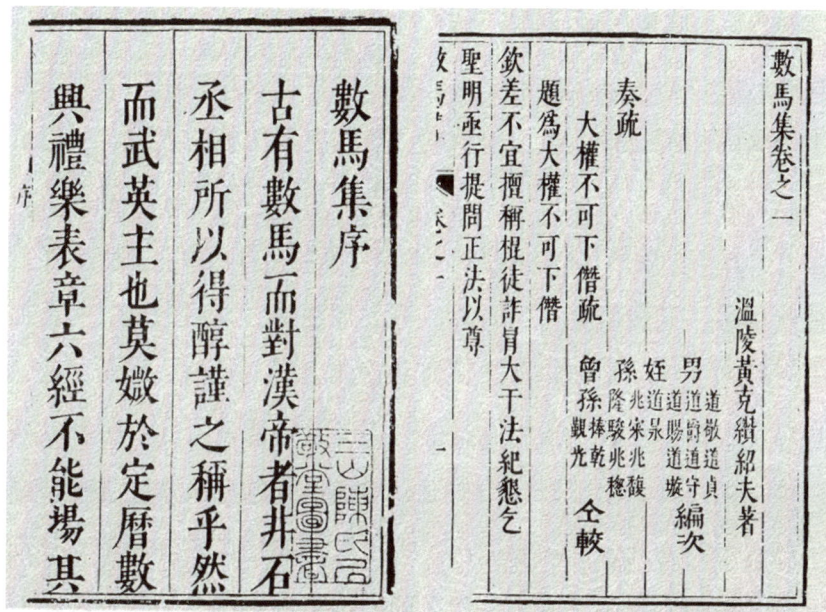

黄克缵著作《数马集》

年）离开山东，前后共十四个年头，黄克缵以山东巡抚之职主政山东达十二年之久。

黄克缵任山东巡抚期间，《明史》称其"惠政甚著"。黄景明《宦梦录》称赞说："少保黄公克缵，居官廉甚，抚齐十二载，家无厚赀。"李光地《榕村续语类》卷八《历代》则云："黄公五十年显宦，除吏部，遍历五部尚书，巡抚山东十二年……清素不缁，夜不闭户，几至刑措云。"

黄克缵在鲁最为突出的政绩，就在于屡次向皇帝建议停止开矿一事。因为万历朝中后期，扰民最严重的现象莫过于开矿抽税。

万历帝朱翊钧亲政初期，在内阁首辅张居正的辅佐下，勤于国政，颇得民心。但在万历十年（1582 年）张居正逝世后，朝臣之间攻讦兴起、党派林立，朱翊钧渐渐意冷志惰，把心思转向攫取财货，一味地挥霍享乐。当时，内廷靡费剧增，国库日渐拮据。在此后进行的平息叛乱的宁夏之役、播州之役和支援朝鲜抗击日本侵略的朝鲜之役，虽取得胜利，但也使万历朝的人力、物力遭受到巨大损失。史载："（万历）二十年宁夏用兵，费帑金二百余万。其冬，朝鲜用兵，首尾八年，费帑金七百余万。二十七年，播州用兵，又费帑金二三百万。三大征踵接，国用大匮。"再加上万历二十四年（1596年）三月和次年六月，乾清、坤宁二宫，皇极、中极、建极三殿相继遭受火灾，有待修复。面对种种财政困境，朱翊钧想出了以开采矿藏，增加税收的办法来弥补财政赤字的对策。为此，他陆续派出了大批太监充当矿监和税使，让他们到各地搜刮民脂民膏，并给予他们专折奏事的权力。这些矿监税使假借圣命，每到一处便横征暴敛，肆虐百姓，贪赃枉法，致使民怨沸腾。

据史料记载，当时派遣到天津的税监（兼辖临清）是名叫马堂的太监。马堂到任，搜罗爪牙，横征暴敛，终于激起民怨，导致了万历二十七年（1599年）四月二十四日的"临清民变"。此时，黄克缵正在山东布政使任上，直接负责处理此事。针对马堂的种种劣行，黄克缵深恶痛绝。他多次上疏弹劾，但却都犹如石沉大海。他坚持认为，临清民变的根源就在于马堂的横征暴敛。在升任巡抚后不久，黄克缵就奋笔写下了《参临清税监侵欺税银疏》，彻底揭露了马堂贪污银两、祸害百姓的累累罪行，并恳请停止矿税征收："（马堂）以河道为名，委曹世臣、周昌辅、陈王道、薛杰、顾柄等拦抢货物……抽税七年，隐匿税银一百三十万两……臣愚以为国家之物当还国家，百姓之财当助百姓。"弹劾马堂后，为了请停矿税、与民休息，黄克缵在巡抚任内又先后写了《信诏令以光圣德疏》《请乞乘时停免税务疏》《地方极灾停榷税疏》等上疏。他认为："生财之道在杜其耗之之端，不在广其取之之途"，并尖锐地指出：矿监横行各地，已造成民心涣散、社会动荡，加上连年天灾，时局已到了一触即发的危险地步，"及今不罢，恐陈胜、吴广复起于秦，而黄巾、赤眉复起于汉也"。

万历三十年（1602年）二月，朱翊钧患病，自以为将不久于人世，意欲罢除矿监、税使。他把首辅沈一贯召入后殿，谈及要把派出的矿监、税使全部召回。二月二十一日，黄克缵接到户部咨文，传奉圣谕，各地矿税、织造、烧造全部停止。没料想过了几日，朱翊钧身体康复，懊悔前言，又派出宦官二十余人到内阁追索前旨。对朱翊钧这种出尔反尔的行为，黄克缵表示出急切的不安，他在同年闰二月所上《信诏令以光圣德疏》中指出矿监的弊病，要求

石狮市永宁镇梅林村黄氏家庙，已经成为当地重要廉政教育基地

下诏停止。疏云："臣抚东土，目击小民困于矿税，明有包纳之苦，暗有巧取之害，日夜恩望停止，如大旱之望雨也。……窃惟国保于民，民保于信，人民所以联络亿兆，唯此信之一字。若一事而二三其令，则民亦二三其心。霸主一失信，尚不能宗长诸侯，况以天子而失信于民乎？""伏望圣心幡然悔悟，将矿税仍行停止"。万历三十二年（1604 年）十二月，朱翊钧终于作出妥协，宣布召回矿监，但这一弊政带来的恶劣影响却延续了整个万历王朝。

黄克缵在升任山东巡抚之初，在《答张沧州亲丈》信函中表述了他的执政理念，即："职在亲民，若加意吏治。为民造福，便可垂不朽之名……千绪万端，总不出清、慎、勤三字。"（《数马集》）黄克缵这样说的，也是这样做的。为民造福，成为他主政山东时期行为准则的一条主脉。

在"万历三大征"中，对山东影响最大的莫过于"援朝抗日"之战。万历二十年（1592 年），日本侵略朝鲜。明廷应朝鲜官府之请，派兵支援。山东守臣为增强沿海防御，决定增加兵员，朝廷同时下令山东六郡百姓每年捐助军饷四十五万两白银。六年之后，即万历二十六年（1598 年），援朝战争虽然结束，但朝廷仍然要每年征收白银二十六万两，致使山东的老百姓不堪重负，叫苦连天。在这种境况下，作为巡抚的黄克缵，体恤民间疾苦，不得不上疏，奏请罢免该项征饷。没过多久，山东境内济宁、金乡沿河十五州、县又发生水灾，再次上疏，请求减免百姓税额，并以漕米救济灾民，在得到朝廷批准后，"民称便"。

黄克缵在主政山东时期，由于黄河决堤，河道北徙，济宁及鱼台、单县民房淹没无数，山东年赋十万两银无法缴纳。为解民困，黄克缵又千方百计地用其他财税补平，公私并济，减轻了山东老百姓的负担，深受百姓拥戴。

黄克缵主政山东，最为济南百姓津津乐道的事情是"一年三往龙潭祷雨"。五龙潭，宋、金时亦称灰湾泉，是济南的"七十二名泉"之一。据史书记载，此潭六朝时被称为"净池"，宋时又称"四望湖"，为古大明湖的一部分。元初，因潭侧新建五龙神庙，故又改称"五龙潭"。相传，古时五龙潭潭深莫测，每遇大旱，祷雨辄应，故而历代主政山东者，如遇年岁天旱，便来此祷雨，祈求上苍普降甘霖。

万历三十六年，山东地区一年三旱，民众苦不堪言，黄克缵一面安抚百姓，多方筹划，一面亲自前往济南府的"五龙潭"祈雨。此日为三月二十日，他写诗记之："历下城西百尺潭，潜龙止水碧于蓝。春深犹未兴云雨，为寄嘲龙诗一函。"

五龙潭 董丽娜 摄

第三天，天降喜雨，黄克缵喜极赋诗《得雨谢龙潭》："漠漠浮云起四郊，夜来清响答花梢。东皇已去谁行雨，知是神龙为解嘲。"

也许是上天在考验黄克缵为民造福的决心和意志，时到夏天，山东又旱，农田歉收，黄克缵再次前往五龙潭祈雨："谁云沥水有龙蟠，空设灵潭祷雨坛。若识历山农夫意，为霖初夏为应难。"

夏雨至，黄克缵十分欣喜，再作《得雨谢龙潭》："潜龙一跃便飞天，雷动云蒸雨沛然。欲答神功无奠瘗，裁诗为报太平年。"

没承想，第二次旱灾过后不久，这一年秋季，山东再次被旱灾所困扰，黄克缵三往五龙潭祷雨："龙王宫殿碧潭深，卧映明珠秋正沉。我欲题诗惊龙起，乘龙飞去作甘霖。"

心诚则灵，深夜，秋雨急至，黄克缵忙披衣起床，赋《深秋久旱忽闻夜雨志喜》："秋来初见兰花雨，午夜频闻霹雳声。欹枕惟惊檐溜断，披衣不待晓窗明。怀归犹可终年待，望岁何妨九月耕。欲向参军询米价，非关王椽有痴名。"

史书记载黄克缵"一年三往龙潭祷雨，幸屡有报验，暂舒民困"。尽管天降喜雨，并非缘于黄克缵的"龙潭祷雨"，但作为一省的封疆大吏，能如此关心民间疾苦，确实难能可贵。也正因为如此，黄克缵得到了"爱民礼士""为民造福"的美名。

谭性教

黄雪居士，"文武持衡"

驱车问俗夕阳斜，仙翁深沉覆落花。满谷绿荫晴带雨，临门丹井夜生霞。云连海岱思千里，烟冷村原忆万家。我亦惭为勾漏令，救荒无计转灵砂。

——明·谭性教《葛仙观》

谭性教（1578 年—1635 年）字生伯，号笠翁，又号黄雪居士，莱芜谭家楼村人。因归里后在宅房附近植松其上，花季风起黄花霏飘如雪，故得晚号"黄雪居士"。史上以"文武持衡"留名。

明万历三十八年（1610 年）谭性教考中进士，补任河南陈留知县，在任兴利革弊，境内大治。河南省开封陈留县荒草遍地，庄稼枯黄，又常遭黄河泛滥，乡民饥寒交迫，难以维持生活。他到任后，经认真考察，发现主要问题在于庄稼不能合理密植，外加荒草遍地所致。但此地土质尚好，谭性教便发动乡民给庄稼间苗、锄草，但遭到百姓极力反对。他们认为这样稠的苗子还不够吃，如果间苗不更挨饿吗？直至间苗后庄稼当年大获丰收，百姓这才心服口服。

万历四十四年（1616 年），谭性教任河南省襄城县令，救荒多异政，上官把其"赈荒投柜"之法作为其他诸州县学习的楷模。更因创修"潃来家渠"六十里，襄人为其立生祠。

万历四十六年（1618 年）充同考官，举荐五人，考中四人，当时襄城已经三十年没有举子考中，此科可谓盛极一时。由于谭性教治理地方政绩卓著，后被调往京城任职。离开襄城时，百姓夹道欢送。襄城百姓感念他的惠政，刻下石碑，由名士张宁撰写碑文，

邑侯谭公去思碑

谭性教：黄雪居士，「文武持衡」

太僕者攘民田爲屯田以張己功公力拒不可爲所中
傷謫補贅皇令壐南戶郎歷綋壐政綢務九庫公謝絕
請托務清釐積弊毫無濡染事毋至孝聞母病假歸以
母喪哀毀致疾卒鄉評至今重之
睿古文辭遭母喪哀毀滅性萬曆癸卯舉于鄉庚戌成
譚性教字生伯號笠石又稱黃雪居士性孝友沉毅寡言
進士授陳留令邑衝疲前令多以下考去公至清靜勤
慎好詩訪賢士大夫輿華地方利弊間以詩酒自娛有
開樽稍覺令爲仙之句以外覯歸如失考妣丙辰
立生祠以祀庚申補南吏部驗封王事歷稽勳郎丙寅
襄士不登賢書三十年是科稱極盛已未留部襄人爭
轉陝西窩夏道兵糧學政副使入諜鉛槧出督戎馬花
馬池長沙窩宣捷受帑金之賚淪漢唐渠安鼓諫兵時
魏瑨熾甚蜜寧夏獨無瑤祠人重其節槖以引疾得蕭歸
軍民遮留哭送者數萬人有擁道軍民齊痛哭好收眼
淚眄空藁之句抵里日自作誌銘以四快事示子孫邑

萊蕪縣志【卷之六】　三十

補襄城值大饑救荒多異政上臺取爲州縣式劍濟卹
溥馬濫二河六十里同戌午河南考舉五人聯捷者四

康熙《新修莱芜县志》卷六对谭性教的记载

制作了"邑侯谭公去思碑"。

泰昌元年（1620年）谭性教升任南京吏部验封清吏司主事，天启五年（1625年）升稽勋司郎中。天启六年（1626年）升任山西按察司副使、备兵宁夏兼摄学政，出督戎马。长沙窝大捷后，与都察院右副都御史、宁夏巡抚、章丘人焦馨犒赏三军，醉千百健儿。当时军队缺饷严重，谭性教与焦馨实行屯垦，并疏通两条淤塞的汉唐水渠，用以灌田，取得丰收。一次军情紧急，士兵来不及吃饭，空腹出征，他立即让人购买胡饼数万，追送给士兵。

谭性教刚严中直，当时朝中魏忠贤当权，各地为其建生祠，而谭性教所在的宁夏独无魏祠。人重其节，值其因疾归故里时，"军民庶留，哭送者数万人"。谭性教回到家乡，于小北冶村九

站在许昌汝水虹桥俯瞰，桥西端即为谭性教去思碑

顶铁甲山以东，购荒山数亩，构建住宅花园，取名"黄雪山房"，客居于此。他深知做官的难处，时常告诫子孙今后尽量不要为官，如为官要慎要清。他为人厚道，勤俭持家。他五十八岁的时候，亲手写下了墓志，孰料他在五十八天后逝世，葬于小曹村西北谭家林。墓地建有石牌坊、石马、石羊等。崇祯皇帝敕命在莱芜东关铁板街南首修建牌坊一座。牌坊坐北朝南，正面是皇帝御笔"文武持衡"，背面是"恩荣奕世"，今已不存。

焦 馨

章丘焦氏，刚正清廉

时魏忠贤专擅朝政，各地趋炎附势之人纷纷为其建生祠，独焦馨不为所动，下属惧祸，再三敦请，焦馨毅然说："吾头可断，祠不可建。"

　　焦馨（？—1642年）字宁考，号蘅芷。明代济南章丘人。

　　章丘素有"五里三进士"之说：章丘城南华家庄谢启光，城西大高家庄焦馨，城东南三盘村胡东渐。华家、大高、金盘三村呈鼎足之势，相距不足五里，因几人分别任职户部、兵部、监察院，俗称谢尚书、焦兵部、胡督堂。其中焦馨就是章丘焦氏的发迹之人。自他以后，近三百年间，焦氏出进士十一位，举人贡生二十余人，或为侍郎督抚，或为知府县官，或为教谕，多有政绩卓著，诗文传世者，县志有载的二十几人，可谓明清之际章丘之第一宦门望族。

　　焦馨自幼聪慧，相传七岁时即能过目成诵。十五岁为博士弟子，万历二十五年（1597年）中举，二十九年中进士，授知县，不久升中书舍人。焦馨为官清廉，曾两次奉旨督运粮饷，对下属馈赠

章丘百脉泉公园　王亮朝　摄

康熙《章丘县志》卷六对焦馨的记载

道光《章丘县志》十六卷对焦馨的记载

一无所受。

万历三十八年（1610 年），迁驾部员外郎，掌东宫旗尉。焦馨抵任，定规章，严军纪，将随便使用驿传、邮符和虚领饷银的弊端一一革除。四十三年，转任河南按察司副使，备兵大名，辖顺德、广平、大名三府。时三府豪右结党，横行不法，为害地方，焦馨排除万难，将首恶法办，地方遂平定。经一番整顿，三府成为畿南的有力屏障，号称"河朔重镇"。天启元年（1621 年），焦馨升为按察使，仍管边事。旋改河南布政使，备兵磁州。天启七年（1627 年），授都察院副都御史，巡抚宁夏。当地有汉唐二渠可引黄河水灌田，但因年久淤塞，已无法正常使用，焦馨下令将二渠疏浚，恢复灌溉之利。

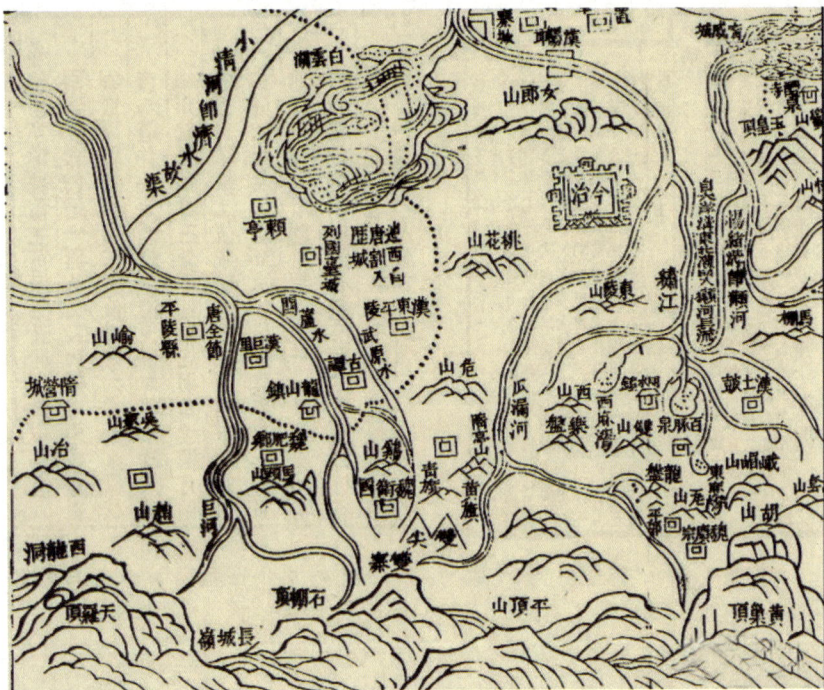

章丘旧县志中绘制的巨野河与武源河图

当时魏忠贤专擅朝政，各地趋炎附势之人纷纷为其建生祠，独焦馨不为所动，下属惧祸，再三敦请，焦馨毅然说："吾头可断，祠不可建。"直至魏忠贤败亡，宁夏始终未建其祠。

崇祯帝即位后，焦馨遭人诬告，遂坦然辞官东返，在家乡闲居十三年。死后赠工部左侍郎。

亓之伟

强直铁面，高节清风

在河间为官时，亓之伟不趋炎附势，对"权豪大珰，悉裁以法"，士民服其刚方之气，阉党却畏其刚方之政。

亓之伟（1581年—1644年），字坦之，号超凡。明莱芜羊庄村人，天启三年（1623年）考中进士，初为成安知县，不久调直隶大名府浚县知县，到任后凡权势书札概不启封，不受私请，以强直闻名，士民服其铁石之操，称为"铁面"。后历任户部司郎中、河间知府、山西阳和兵备道等。崇祯十七年（1644年）因不降李自成被杀，以身殉职，时年六十三岁。

天启六年（1626年），朝廷敕命褒嘉亓之伟为文要郎。后调户部广西清吏司任主事，主管钱谷，详细出纳，赖心计之能，治绩显著。崇祯元年（1628年），被敕命褒嘉为承德郎。亓之伟在监税苏淞常镇漕运时，正值上海令漂没漕米万担，大司农追究其责任，降为西安府经历。不久又升为推官，恢复户部主事职并监税浒墅（今江苏吴县西浒墅关镇）监税草场。后晋升为员外郎，又升郎中，出任河间知府。在河间，他不趋炎附势，对"权豪大珰，悉裁以法"，士民服其刚方之气，阉党却畏其刚方之政。当时正值宦官王坤提督军务，此人骄横跋扈，多数官员曲意逢迎，亓之伟却与其针锋相对。他还救助流离乡民，专设房屋七十余间，解救并收容被变卖掠去的山东妇女一百余人，发给路费，送其还乡。崇祯十三年（1640年）莱芜荒歉大饥，斗米数金，亓之伟捐

亓氏老林

亓之伟：强直铁面，高节清风

萊蕪縣志卷之十九

人物志

忠節

萊蕪縣志《卷十九》人物志 忠節 一 濟南啓明印刷社承印

亓之偉字坦之號超凡天啓壬戌進士令成安調溶縣以強直聞
有鐵面不發私書之頌焉陞戶部主事監兌蘇松常鎮漕務適上
海令漂沒漕米萬餘石大司農坐之頰罪會上親賜問得未減降
西安府經歷人爲不平而之偉處之澹如也陞宣府司理時大瑤
王坤督軍務撫軍以下蕭然震懍之偉獨持正不阿復戶部主事
權濟聖稅晉県外監兌草場陞河間知府權豪大瑤悉裁以法百
姓賴之流城狙獗鄰郡多陷之偉預爲守禦計高閣督師所至煩
擾之偉預設營房千餘間於郭外百姓安堵收養難婦得山東一
百五十口悉給實費遣歸陞陽和兵備道李自成渡河守將與賊
通脅之偉降不從賊黨十餘人從壁後出刺之之偉創甚明
日以氈裹之偉迎賊終不屈遂遇害於辛莊店時甲申二月二
十一日也清初崇祀鄉賢
呂大成字四如別號牟十天啓辛酉舉人崇禎十五年令阜城是
年十一月清兵至城陷被執不屈死之年五十一士民具大成忠
烈狀上之當事將入告會鼎革不果行
譚命教字畏仲增廣生以手疾能舉業代兄治產施惠於宗族黨
里無所私兄性教自誌銘日晚年幸有仲季兩弟病中事我撫摩

莱芜旧志对亓之伟的记载

谷八百石，煮粥赈饥，使一千余人赖以活命。亓之伟后来升任山西佥事，分巡阳和，三年后，迁任参议分守朔州。

崇祯末年，李自成率农民起义军向明王朝都城北京挺进，沿途势如破竹。李自成部攻下宁武城后，便围攻朔州。亓之伟难以阻挡，退守朔州城，并在最关键的西门把守。此时，与其一同守朔州的守备已秘降农民起义军，并劝亓之伟开门纳降。亓之伟当面责骂，被已在城门后埋伏好的守备士兵刺伤，将其用毛毡裹身，打开城门投降。

李自成见亓之伟于辛庄店中，亲自劝降，亓之伟不从，被杀。李自成进城后，有感于亓之伟气节，将其家属找到后妥善安置，并令其制棺收尸，葬于朔州城西。后清兵入关，亓之伟夫人冯氏携六岁的儿子收其骸骨，护送回乡，安葬于苍龙峡西侧羊庄村南。

亓之伟御葬林

朝廷以其殉节，封为奉政大夫。清廷为其在城西厢建立"联捷坊"。清乾隆五十四年，对明末死节臣民予以谥号，追谥其为"忠愍"，并崇祀为乡贤。

邢其谦

"处膏脂而一尘不染，当转输而百蠹咸清"

一代经学大家张尔岐赞他："其为政，则廉以持己，慈心育民，公以服物。"世人赞誉他："身退而道愈尊，齿高而望弥劲。"

邢其谏（1579 年—1667 年），字信卿，别号蔚山。明末济阳城西五里小邢家庄（今属济阳街道）人。其家学渊源，曾祖父邢义为进士，伯祖邢淳为举人，祖父邢泽为贡生，父亲邢遍为诸生（秀才）。兄弟五人，他最小也最聪明，二十几岁时在本县诸生中小有名气，四十二岁时成为贡生，进入国子监深造。

他在国子监学习三年，被授官为山西省太原府通判。通判是知府的属官，分管粮运和水利等。他莅任后被分派到代州去代理知州。代州的辖境为今山西省忻州地区东半部，扼山西省咽喉，为军事重地，常驻有重兵。邢其谏的主要任务是征集、存储军粮和物资，以供军兵不时之需。

在代州，省按察使司和中央户部都设有办事机构，每年黄河防汛时省巡抚也驻扎在这里，各方批办的公事都

邢其谏画像 钱明月 绘

乾隆《济阳县志》卷八对邢其谏的记载

要交由他去办理，"一仆三主"实难应付，然而他总能把事情办得很好。梳理经济账目、审理案件、批阅和处理上行下达的各种文书等，都条理妥善，各方面关系也协调得融洽和谐，因此上下左右都很满意。在他任职三年中，上司向上举荐他十余次。皇帝下诏书褒扬他："处膏脂而一尘不染，当转输而百蠹咸清。"他从代州任上升迁为直隶延庆知州，离开代州时，百姓燃香举过头顶，跪在路旁，痛哭流涕地为他送行，送行队伍绵延不绝。在延庆任职两年，他将那里治理得社会安定、政治清明。在将要得到提拔重用时，他却称病辞官，回归故里。

　　辞官居家后，县内执政者或来造访，他从未以私事相请托。遇有关系乡民利害之事，他则仗义执言，条分缕析，建言献策。平生著有《斯馨馆集》若干卷、《信古录》二卷及《交游翰墨》诗集，还曾于明万历和清顺治两朝时期两次编修《济阳县志》。

　　其忘年交张尔岐赞他："其为政，则廉以持己，慈心育民，公以服物。"世人赞誉他："身退而道愈尊，齿高而望弥劭。"

朱昌祚　朱宏祚

果敢刚毅，为民请命

　　清初的高唐朱氏家族中，除了"宁以忠死，不以佞生"的朱昌祚外，还有一位同样勤政爱民的朱宏祚。兄弟两人共同奠定了朱氏家族的德行家风。

朱昌祚（1627年—1667年），名宦，字云门，清代济南历城人。原籍山东高唐州，其父朱美先明代时迁居历城。明崇祯十二年（1639年）清军入关，攻破济南，年仅十二岁的朱昌祚被虏出关，入籍汉军镶白旗。后随清世祖入关。顺治初年，官任宗人府启心郎。

顺治十八年（1661年），朱昌祚以工部侍郎巡抚浙江，为政清廉，处事沉着而刚毅。他执行清廷发布的"迁海令"，徙沿海居民入内地，成功瓦解东南沿海抗清力量。同时，拨出荒地，令内迁居民开垦，免其所弃田亩丁粮，并严禁部属寻机向百姓苛敛。

康熙元年（1662年）擢福建总督，因丁忧未到任。康熙四年（1665年），授直隶、山东、河南总督。时辅政大臣鳌拜擅权，在直隶重新推行"圈地"，致使数十万人流离失所。朱昌祚奉命同大学士兼户部尚书苏纳海、直隶巡抚王登联督理其事。康熙五年（1666年），朱昌祚与王登联以圈地扰民实情，分别疏请停止圈换土地，言甚痛切；苏纳海亦上疏言其不可。鳌拜大怒，以貌视圣命罪，将三人革职处斩，弃于市。康熙八年（1669年）鳌拜伏法，康熙帝亲政。翌年七月，朱昌祚获平反昭雪，谥"勤愍"，赐祭葬。子朱绂以父荫入国子监，累官大理寺卿。世人赞其"宁以忠死，不以佞生"。

朱宏祚（1630年—1700年）字徽荫。清代济南历城人，朱昌祚之弟。兄弟两人共同奠定了朱氏家族的德行家风。

顺治五年（1648年），朱宏祚山东乡试中举，成为朱氏第一个中科举者。当他矢志追求功名、宦海跃跃欲试之时，兄长朱昌祚因得罪权臣鳌拜而被杀。直到朱昌祚平反后，朱宏祚才选授江南盱眙知县。

　　五年后，朱宏祚被朝廷征为循吏。康熙十七年（1678年），他改任刑部广东司主事。康熙二十三年（1684年），朱宏祚升任直隶天津道佥事，参与编修《大清一统志》。三年后，朱宏祚因政绩被破格擢升为广东巡抚。康熙三十一年（1692年），朱宏祚升任闽浙总督，不久因失言而贬官。年届古稀的朱宏祚督修江苏高家堰河，因积劳成疾而病故任上。

道光《济南府志》卷三十七对朱昌祚的记载

　　与兄长朱昌祚相似，朱宏祚为官坚守廉勤自律，果敢刚毅，敢于任事。初任盱眙知县时，他就发现当地百姓深受徭役繁重之苦，于是革除官府各种杂派，尽量减轻百姓负担。

　　盱眙民风彪悍，私下械斗事件层出不穷，前几任官员都束手无策。朱宏祚反复以律令教谕乡民，致力于改善社会风气，当地械斗之风渐趋平息。

　　有年盱眙发生旱灾，禾苗枯萎歉收，朱宏祚一面上疏申请赈灾，一面捐俸赈济，并借贷两千五百两白银，煮粥来供养饥民。因为缓解灾情得力，盱眙饥馑结束后，朱宏祚得到督抚的推荐，"复举卓异，赐蟒服"。

　　在刑部广东司主事任上，朱宏祚依循律令断案，同时又考虑人性人情，"发奸摘伏如神，冤狱多所开释"。例如对反叛者的妻子如何处理，朱宏祚坚持认为应按照妻子是否知情来区分。按照律令，"谋叛知情者，杖流之"，那么不知情的妻子就不能流放。在清初地方乱情四起的时代，朱宏祚的举措保全了许多家庭。

在广东巡抚任内，朱宏祚经过庾岭时，实地体验了劳役之苦，因而"首禁革之"。当时军屯军人每年需要承担沉重税赋，导致兵士纷纷逃亡。朱宏祚上疏道："非恤兵之道，当比例裁减。"朱宏祚遇事敢做敢当，曾称："当为人所不肯为、不敢为者。"时人谓其"无愧斯言"。

康熙三十一年（1692年），朱宏祚出任闽浙总督，他"饬营将，整部伍，核粮饷，严扣剋"，从而"东南壁垒，一时改观"。康熙三十九年（1700年），朱宏祚督理江苏高家河堰。他"立烈日中不去"，七月大水，"坐案上以待水消"。最后，积劳成疾，卒于任上。朱宏祚勤于政务、忠于职守之践行，世人有目共睹。

纵览朱宏祚施政生涯，因心中有民，所以其为政一方，往往屡有善绩。在他故去后，因"丰功宜报，硕德难隐"，被列入名宦祠。

朱氏家族政德有佳音，与其深厚的家学文化有紧密联系。纵览朱昌祚、朱宏祚的奏折文稿，皆有斐然不群之文采。

袁懋功

抚滇巡鲁，廉能之臣

　　清康熙年间，有两个勤政清廉的名臣，并称为"南范北袁"。范指浙江巡抚范承谟，袁则是香河人官居山东巡抚的袁懋功。

袁懋功

袁懋功（1612 年—1671 年），字九叙，祖籍浙江鄞县，明初其先人迁至香河县（今属河北省廊坊市），后即定居于此。曾任山东巡抚。在清康熙年间，有两位勤政清廉的名臣，时人并称其为"南范北袁"，"范"指浙江巡抚范承谟，"袁"则是指山东巡抚袁懋功。

袁懋功自幼聪明好学，尤善诗文。清顺治二年（1645 年），登进士第，朝廷授其礼部给事中。至顺治十七年（1660 年），已官至户部侍郎。就在这一年，清军攻入云南。朝廷为了限制拥兵割据的平西王吴三桂的权力，特选定才品敏捷的袁懋功去云南，封他为兵部左侍郎兼都察院右副都御史，钦差巡云南。

袁懋功任云南巡抚时，云南虽已纳入清朝版图，但官心不定，民心未安，经济凋敝，满目疮痍，更兼吴三桂飞扬跋扈，顺昌逆亡，久有异志。显而易见，这个巡抚并不好当，非忠诚干练、胆识俱备者不能为，而袁懋功正是凭他的"才品敏练"才被顺治皇帝慧眼识珠，委以重任。

袁懋功到任后，首先发展生产，改善民生。将军用土地出租给农民耕种，只要上交一定数量的谷物，其余的即可归自己所有。这样，既恢复了经济，增加了社会财富，又吸引大批游民成为稳定的自耕农，同时还有效保障了军队的供给。其次，减轻赋役，爱惜民力，惠民安民，休养生息。再次，革除弊政，整顿治安，使政通人和，路不拾遗，五业繁荣，重现生机。一系列有效措施，极大促进了农业生产，当地人口增加，社会秩序逐渐稳定，久经战乱的云南人民实现了安居乐业。

袁懋功认识到要想使云南长治久安，除了发展经济，还必须使各民族间互帮互助，和睦相处。其最有效之法莫过于兴办学校，教而化之，知书达理，移风易俗。到任次年，袁懋功将自己的想法上奏给清廷。他说："欲其归附，最难固结。若以威慑之，仅可勉强一时，如以德绥之，将永戴百世。"这里的民风与中原大不相同，强悍好斗，难以驯服。即便土酋归附一时，也很难持久，往往慑于朝廷的威势，强做收敛，但不知何时又会兴风作浪。唯有施之以德，教之以礼，春风化雨，润物无声，令其心悦诚服，永世感恩才能长治久安。

他提出"滇省土酋，既准袭封。土官子弟，应令各学立课教诲，俾知礼义。地方官择文理稍通者，开送入泮应试"，鼓励土司送自己的子弟到学校去上学。凡是准备承袭土官职务和爵位的，必须经过学校的教育之后才能取得相应的资格。学官根据其天资禀赋，因材施教，课以督责，使其熟悉四书五经，服膺儒家礼义，等到其做土司的父兄故去，便让该子弟回去接任。其余子弟中成绩突出的，鼓励他参加科举考试，通过国家选拔人才的渠道进入官僚队伍。

袁懋功认为在教学过程中要注重情感上的交流，每逢重要节日，师生便欢聚一堂，羊羔美食，亲如一家。天热了，给予真丝凉衫；冬来了，又发给貂裘皮袄，使其就像住在自家一样。这样，既可拉近彼此之间的距离，又能化解不少的争斗，文明其精神，富足其生活，使其逐渐融入民族大家庭中。

其后，清代历任治滇官员都按袁懋功之法，积极发展土司地区的教育，效果也十分明显。据民国时期的《新纂云南通志》统计，清代云南共有八百零八人考中进士，九千九百零六人考中举人，超过之前历朝之和。各少数民族的语言和生活习惯，与内地人民无异，特别是"野性未驯"、时而反叛之事已经很难见到。

袁懋功抚滇一个绕不开的问题就是吴三桂，这也是一个十分棘手的难题，朝廷也是头疼不已。据《清稗类钞》记载吴三桂奢侈无度，"公暇，辄幅巾便服，召幕中诸名流宴会。酒酣，三桂搋（手执之状）笛，宫人以次高唱入云。旋呼颁赏，则珠玉金帛堆置满前，诸宫人相率攘取，三桂辄顾之以为乐"。又称"知县以上官，有才望素着及仪表伟岸者，皆令投身藩下，蓄为私人"。吴三桂轻财结客，自然也没有放过袁懋功。

可袁懋功显然是有备而来的。他以"镇之以静"来应之，两袖清风，静如止水。既不同流合污，唯其马首是瞻，也不泾渭分明，与其迎头相撞。他冷静观察，谋定后动，和而不同，不卑不亢。他的分寸拿捏得极好，吴是王爷，爵位在此，他谨守一个"礼"字，公事多沟通，以减少误解和猜疑。做事时占住一个"理"字，凡事做在理上，尽职尽责，不越雷池，让吴挑不出半点毛病。但袁懋功可不是唯唯诺诺、明哲保身的庸官滑吏，属于职权范围内的事情，他敢于放开手脚，兴利除弊，强忍果毅，说到做到，因而"无敢犯其法者"。公事之外，他没有私交，对于吴三桂的刻意笼络，他恭而敬之，予以他的各种好处，他堂堂正正，悉数充公。

袁懋功胆大心细，很有见识，凡遇疑难，大家都一筹莫展之时，他往往能抓住要害，只言片语即拨去迷雾，天地洞开。他温和如春，平易近人，"生平无疾言遽色"，具有很强的亲和力与凝聚力。他克己奉公，以身率下，严而不刻，唯真唯诚，行无形之教，化难化之人。故而，左右都发自内心拥护他，爱戴他，"其部曲皆爱重之"。他的施政非常成功，"抚云南九载，政绩大著"。康熙皇帝甚为满意，特于皇宫亲自召见他，除高度肯定他抚滇的勋绩，还赐予鞍马袍服。

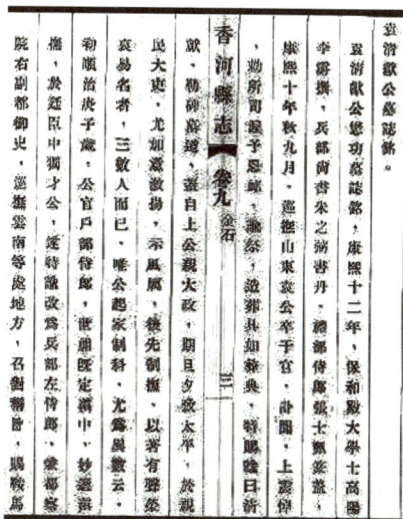

《香河县志》对袁公的记载

康熙八年（1669年），袁懋功调任山东巡抚。此时，由于连年灾荒，齐鲁大地饿殍遍野，百姓生活十分艰难，再加上积重难返的各种弊端，致使流民泛滥，治安恶化，问题成堆，荆棘遍地。袁懋功到任后，忧心如焚，不顾年衰体弱，风餐露宿，访贫问苦，寻求救治之道，以兴利除弊，上分国家之忧，下解万民倒悬。他将赋税、垦荒、治安、执法等问题，归纳成十条，然后上奏给朝廷。语之恺切，心之焦灼，意之笃诚，令康熙皇帝为之动容，大多采纳。

因常年殚精竭虑，袁懋功最终积劳成疾，一病不起。鉴于袁懋功的卓越治绩和山东各界的强烈要求，康熙皇帝特准他"卧治山东"，以慰勋劳。

忍着身染毒疮的痛苦，袁懋功一刻也不懈怠，日日卧床处理政务，终至病入膏肓。弥留之际，他口述遗疏，恳请朝廷根据山东百姓急需休养生息的客观实际，推出更多惠民、安民的政策措施。满篇皆是民生，而无一字私求。

康熙十年（1671 年），为国为民辛劳一生的袁懋功薨于山东巡抚任上，享年六十岁。朝廷内外，痛悼不已。素有"直臣之冠"美誉的魏象枢特作挽诗：

> 节钺重开抚二东，清操惠政许谁同。
>
> 百年鼎望归梧凤，数载深劳起泽鸿。
>
> 风雨漫催双鬓老，弟兄真惜此人空。
>
> 回思滕馆分襟日，萧索秋心寄野蓬。

当袁懋功的灵柩起灵回归故里时，山东沿途哭拜者不绝于路，甚至有数百人自动护灵柩到香河。他被安葬于香河县大王庄村前的袁家祖坟内，墓前竖有一方石碑，上面刻着"袁清献公墓"。"清献"是其谥号，是对其一生的高度概括。

叶方恒

"官斯士者，陈留、颍川后一人而已"

叶方恒任莱芜县令时，多有政声，升迁离开莱芜后，士绅名流口碑论议："官斯士者，陈留（指范丹）、颍川（指韩韶）后一人而已。"其对当地文化事业也颇有贡献，主持编纂的《莱芜县志》十卷历来被方家推崇。

叶方恒（1615 年—1682 年）字嵋初，号学亭，江苏昆山人，清顺治十五年（1658 年）进士。

清康熙八年（1669 年）由贵阳推官任莱芜县令。下车即视察民间，了解赋税户口情况。在任期间连年干旱，

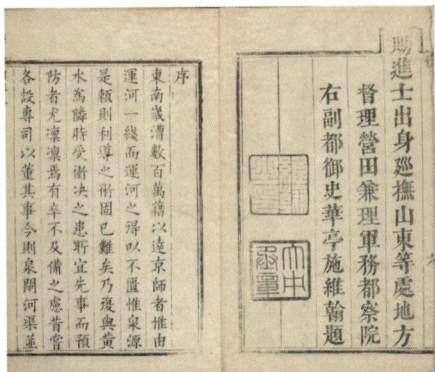

叶方恒著《山东全河备考》书影

青州饥民千余人流寓莱芜，他根据泰安府郡招民檄文，遣抚流民，备资遣归。仿照古制社仓法，募捐囤积粮食，以防灾年。

在任期间，叶方恒创建正率书院于城西，月试诸生，鼓励士子要饬躬敦行，并作讲语十六则，教育民众。县署堂廨因地震倾危，他主持对内堂进行整修，加盖小屋数间以藏案牍，新建厅堂三间，命名"景范堂"，以志学习范贞节先生釜鱼甑尘、清白守节、好廉自克之风，作为考治讲政之所。改建贞节先生（范丹）祠，以教化士民。

叶方恒任莱芜县令，政简刑清，废坠皆复。后升迁离开莱芜后，士绅名流口碑论议："官斯士者，陈留（指范丹）、颍川（指韩韶）后一人而已。"

叶方恒主持编纂康熙《莱芜县志》十卷。该志上承明嘉靖、万历莱芜县志，补录了清前期的一些珍贵史料。他文章诗词俱佳，遗有文章数篇、诗词多首。

周有德

关注民生，体恤民情

　　周有德在鲁任职不足五年，期间他迭疏请宽登、莱、青三府海禁、以德州驻防兵旧给民地仍还于民、蠲免逋赋、赈济灾民，为山东社会经济之恢复和发展做出了贡献。

　　周有德（？—1680年），字彝初，清汉军镶红旗人。康熙二年（1663年），周有德出任清朝山东第九任巡抚，康熙三年（1664年），加封工部侍郎。

　　周有德在鲁任职不足五年。在任期间，他数次疏请宽登、莱、青三府海禁，以德州驻防兵旧给民地五百余顷仍还耕于民，蠲免逋赋，赈济灾民，为饱受明末清初战乱之灾的山东社会经济之恢复和发展做出了贡献。

　　清初，连年的战乱给山东的社会经济带来了极大的破坏，严重影响朝廷的财政收入，也影响到清政府对山东统治的稳定。新任山东巡抚的周有德在上任之始，便采取措施恢复经济，以稳定

山东巡抚署旧址内的珍珠泉

山东局势。根据朝廷下发的"招诱流亡，奖励垦荒"的诏谕，周有德下令招抚流民，鼓励无地或少地的农民开垦无主荒地和明代废弃的藩地，并对开垦荒地者给予诸如垦荒归己、三年不征财税、官贷牛种资金等优惠政策，激发农民垦荒的积极性。仅在康熙四年（1665年）一年中，整个山东就开垦荒地三千二百三十余顷。

周有德任职期间，十分注意体察民情，关心百姓疾苦。康熙四年，济南、兖州、东昌、青州、登州、莱州六府发生特大旱灾，其中济南、兖州、东昌、青州四府麦田更是颗粒无收。周有德将上述地区的灾情如实上报朝廷，建议根据各地不同的受灾情况采取不同的赈济措施。对受灾严重的上述四府，除蠲免本年度应征

山东巡抚大堂旧址

钱粮外，赈济库银六万两，临清仓米麦四万石、德州仓米麦两万石，悉数运往四府区，适时发放，以助灾民渡过难关。对于受灾较轻的登州、莱州两府，只免除本年度应征钱粮。康熙皇帝采纳了他的建议。上述地区的灾情亦因此得到控制，灾民得以安置，社会未出现动荡，秩序井然。

张四教

文行忠信，四教皆上

纵观张四教一生，为诸生二十年，归休四十年，居官仅十年，却"名在世、泽在人、乐在身"，被莱芜人奉为异人，崇祀为乡贤。

张四教

张四教（1605年—1698年）字道一，号芹沚，清代莱芜县南台庄（今莱芜区和庄镇张家台村）人。清顺治二年（1645年）举人，次年（1646年）中进士。初授山西平阳府推官，行取吏部考功司主事，转任兵部车驾司主事，擢兵部都捕员外郎，超授山西按察使司佥事、提学道，升任陕西按察使司副使、西路兵备道。

其父张布以厚德著名，曾积攒粮食三千石，在灾年时把粮食全部拿出，供饥民借贷。粮食告罄后，将一千多张借据全部烧毁，有人来偿则坚决不受。万历末年遇大灾荒，知县知其贤良，让其管理煮粥施粥事宜，他竭尽职责，救助饥民无数。这时张布还没有婚配，由于他的善举，人们传唱其必有男丁相续。后来张布娶妻董氏，一共生了三个儿子，张四教便是其第三子。张布认为此子日后必成大器，于是引《论语》中的名句"子以四教：文、行、忠、信"将第三子起名叫"四教"，又引用"子曰：参乎，吾道一以贯之"为其取字"道一"，对此子寄予厚望。

张四教从小聪慧好学，弱冠即为诸生，所作文章称雄于齐鲁之间，为朋友推重。但是明朝末年政治腐败，社会动荡，使得张四教很难有所作为，于是隐居读书，不预世事。他的父母也在这期间先后去世。后张四教应考，于顺治二年乡试中举，次年考中进士，被清廷任命为山西平阳府推官，因履职期间"司法平、折狱敏"，

孫敦尚儉素無服綺紈預戶外者性清介又樂易親人
有問業者至誨之無倦容爲諸生時以歲薦讓同舍生
並高其誼每訓子弟讀書以立身爲第一義作家以早
完官稅爲第一義故張氏一門稅糧歲必無欠平生譬
未以私事入公門而于地方之大利大害必盡心爲之
而曰不言殆古之好善而不求人知者歟人皆謂東巖
公之積德遺教所致故附著焉
吳睍字以暄鳳峽公季子也少孤㒺母周太君五歲就外
傳日誦千言夜侍太君積于一燈下咿唔徹曉不少休

萊蕪縣志《卷之六》 三十四

伯兄瞻城先生大器之爲文力追先正不屑爲章句儒
褵傳士弟子員食餼聲名籍甚丙子爲蔣君文烺所薦
名墨布天下公入奉太君出交師友甕雍肅肅然嚴氣
正性人不得以并意于之癸未之變太君聞城破驚悸
死公仰天慟哭觸石以殉妻秦氏毀面遁鄉語人以姑
奧夫死所亦慟哭呼太君之死賢于死賢于恤韓遠矣公
死于哭母秦又死于哭姑奧公人固有死賢于生者此
也而惟公乃有此賢偶也至于書法之精妙屬公餘技
云秦氏附見不另立傳

康熙《新修莱芜县志》对张四教的记载

"断狱明决"，仅九个月，抚按交章上奏，以政绩卓异赐貂绣，升任吏部考功司主事、兵部随驾员外郎，皆能胜任，超授山西提学道按察司副使，提都学政。

在陕西泽州时，张四教发现年幼的陈廷敬是个奇才，便拔擢为童试的第一名，后来陈廷敬果然平步青云，官至文渊阁大学士兼吏部尚书。他曾教诲陈廷敬："千秋事业，一日荣名，得失在人，取舍在己。"

张四教在山西秩满，因考绩卓异，升陕西榆林兵备道按察司副使，到任禁科敛、省徭役、招流亡、驭军绥民、兴学劝农，莅任三年，军民大悦。其志"不怵于上官"，其情"不夺以豪贵"，终"以直道违时"，不能事权贵而罢官归里，时论为之惋惜。临行之日，布袍肃然，毅然策骑而返，毫无落魄之相。

张四教晚年虽饥寒交迫，但仍嗜学如初。他平时布衣草履，隐

乐饥斋旧址

居位于莱芜城南的苍龙峡，构筑斗室，取名"乐饥斋"，显示出虽然饥贫，但怡然自乐的磊落胸怀。康熙三十三年（1695年）去世，享年九十三岁，葬在苍龙峡南的蟒道山麓。张四教一生为诸生二十年，归休四十年，居官仅十年，却"名在世、泽在人、乐在身"。

他还是一位传奇式人物，莱芜及周边地区流传着他许多逸闻传说。因他性情坦率，不为礼俗所拘，以诙谐幽默出名，最爱戏弄些达官贵人，故人称"张闹玄"。此外，他与门生陈廷敬也有过一段佳话。有一年，陈廷敬路过山东顺道到"乐饥斋"来看望他。这时，张四教已经少米缺柴、疾病缠身了。陈廷敬看着骨瘦如柴的恩师，眼泪在眼眶里直打转。张四教强打精神，只是与远道而来的陈廷敬促膝长谈，而谢绝了陈廷敬的一切馈赠。临行前，陈廷敬问他需要什么帮助，他却笑着回答说："头顶蓝天白日，脚踩青山绿水，足矣！"陈廷敬取出一锭白银，硬塞给张四教，聊作茶资。张四教坚辞不受。他说："你身为朝臣，能亲到这荒山野岭来看我，已足见汝心了，老夫也心满意足。我若是那号贪恋银钱之辈，岂能有你我的今日！"陈廷敬听出了恩师此话的弦外之音，深受感动，只好含泪而别。后来，陈廷敬托莱芜知县给恩师送过几次东西，直到东西霉臭了，张四教也没有动一下。

王士禛

秋柳遗风长，清廉传家远

秋来何处最销魂？残照西风白下门。他日差池春燕影，只今憔悴晚烟痕。愁生陌上黄骢曲，梦远江南乌夜村。莫听临风三弄笛，玉关哀怨总难论。

——清·王士禛《秋柳四首·其一》

王士禛

　　王士禛（1634年—1711年），字贻上，号阮亭，别号渔洋山人，山东新城人。清初著名诗人。清顺治十四年（1657年）进士，初官扬州推官，入为部曹，转至翰林，任国史副总裁、刑部尚书。康熙四十三年（1704年）罢官归里。工诗词，论诗创神韵说。曾长期游历济南。

　　王士禛出生在官宦家庭，五岁入家塾读书，七岁时入乡塾读《诗经》。顺治七年（1650年），应童子试，连得县、府、道第一名，与大哥王士禄、二哥王士禧、三哥王士祜皆有诗名。顺治八年（1651年）乡试第六名，顺治十二年（1655年）参加会试第五十六名，未参加殿试，寓京半年而归。顺治十五年（1658年）戊戌科补殿试三甲三十六名，文名渐著，二十三岁游历济南，邀请在济南的文坛名士，集会于大明湖水面亭上，即景赋《秋柳》诗四首，此诗传开，大江南北一时和作者甚多，当时被文坛称为"秋柳诗社"，从此闻名天下。后人将大明湖东北岸一小巷名"秋柳园"，指为王士禛咏《秋柳》处。

　　顺治十六年（1659年），任扬州推官，他"昼了公事，夜接词人"。扬州当时为南北咽喉要道，往来的达官显贵很多，可王士禛身为推官却"不名一文"，以至于诗友许天玉向他借盘缠去参加会试，他都无银可助，最后夫人张氏只好脱下腕上的玉镯来当掉，这才得以资助诗友。康熙十七年（1678年），受到康熙帝召见，转侍读，入值南书房。其后，升礼部主事、国子监祭酒等职，康熙三十一年（1692年）八月，王士禛调任户部右侍郎，主管宝泉局督理钱法。旧例铸出钱币都要向主管官员呈送样钱，这实际上是向主管官员行贿。王士禛主管宝泉局后，力革此弊，从上任到离任，未接收过一文"样钱"，也未派任何人到钱局索要过"样钱"。康熙四十三年（1704年），官至刑部尚书。不久，因受王

位于济南大明湖东南岸的秋柳园

五案失察牵连，被以"瞻循"罪革职回乡。康熙四十九年（1710年），康熙帝眷念旧臣，特诏官复原职。康熙五十年（1711年）五月十一日卒。

王士禛的"禛"字与雍正帝胤禛名字重名，在他死后，因避雍正讳，改名王士贞。乾隆赐名士祯，谥文简。其名在后世，包括在正统的中国文学史上，"王士禛"或"王士祯"，两存而并用。清康熙年间，王士禛历任礼部主事、户部郎中、刑部尚书、侍读、国子监祭酒，始终为政清廉，两袖清风，官声很好。

康熙四十六年（1707年），济南一带发生严重旱灾，朝廷赈济灾民。各地的乡绅纷纷把佃户的名字造册上报，然后按着人头

清·禹之鼎《王士禛放鹇图》

数目领取救灾粮食。当时，只有告老还乡、人在济南的王士禛不接受这种做法。负责赈灾的官员们劝告王士禛，说这救灾粮食是朝廷的恩惠，不可不领。王士禛答称："以前朝廷有规矩，遇到饥荒，谁家的佃户谁负责。我现在虽然不当官了，但我遵守以前的规矩。"王士禛说到做到，救灾粮食一粒不要。

康熙三十六年（1697年），王士禛六十五岁，在户部左侍郎任上，其三子王启汸获命到土瘠民贫、百废待兴的唐山任县令。王士禛很是放心不下，遂将于京邸书写的一册《手镜录》交于儿子。《手镜录》由五十条从政箴言组成，其中讲到"公子公孙做官，一切倍要谨慎、检点，做官自己脚跟须正，持门第不得。""日用节俭，

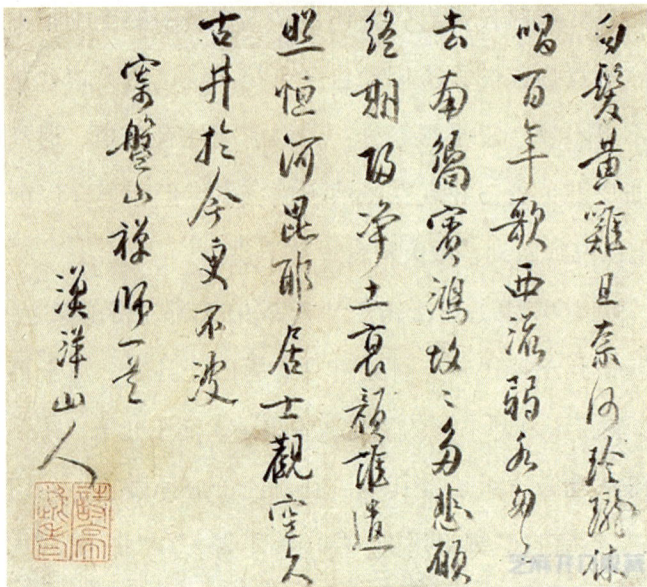

王士禛书法

可以成廉。""必实实有真诚与民同休戚之意，民未有不感动者"
等等，要求儿子做官不能有任何官僚特权思想，要厉行节俭、廉
洁自律，爱护百姓、关心百姓疾苦。这体现出王士禛作为一个正直、
仁慈而不失严厉的父亲对儿子如何为官的特意交代，更体现了王
士禛对家族世代清廉为官的家风的承袭和发扬。

王士禛先祖王重光、祖父王象晋、父亲王与敕等先辈，均将
王家的这种清廉严谨家风和做官态度世代相传，作为立身处事之
本。受此影响，王士禛一生居官清正廉洁，体恤下情，宽政慎行，
受到康熙帝的赏识，官至吏部尚书。从某种程度上说，是良好的
家风培育了王士禛。有王家世代先辈的谆谆教导，有良好家风的
熏陶，王士禛的儿子遵从先祖遗训，以家族先辈为榜样，清廉自律，
洁己爱民，也成为百姓爱戴的好官。

魏似韩 魏锡祚 魏昭蔡

魏门三进士，耕读传家长

清心为治本，直道是身谋。秀干终成栋，精钢不作钩。仓充鼠雀喜，草尽兔狐愁。史册有遗训，毋贻来者羞。

——宋·包拯《书端州郡斋壁》

爱民如子魏似韩

魏似韩（生卒年不详），字公度，号两屏，莱芜口镇东街村人，清顺治九年（1652 年）进士。魏似韩初任陕西雩县知县，十分关注百姓的休养生息，通过走访调查，他深感雩县弊政多端，其中最严重的就是前任县令为了自己能够加官晋爵，每年都向百姓搜刮白银数千两作为进贡之礼。了解到此种情况后，魏似韩怒不可遏，拍案而起。他向雩县父老明确表态："夺赤子脂膏求媚上官，吾誓不为此！"他说到做到，从任职第一年起就明令废止了"米豆草束税""买马税"等名目繁多的苛捐杂税达十多种，每年给老百姓减负万余金，而自己却一无所私、廉洁自律，赢得了雩县民众的信赖和爱戴。

雩县是个贫瘠的地方，当时有荒田百余顷。前任知县谎称已经开垦，并上报朝廷邀功请赏，这无形中加重了老百姓的负担，百姓苦不堪言。魏似韩解情况后，据理力争，毫不妥协，终于把这一虚报的数字从开荒册籍上纠正过来。同时，他又鼓励民众屯田开荒，生产自救，改善生活条件。

作为雩县百姓的父母官，魏似韩十分重视教育事业。他见学宫程祠破败不堪，不蔽风日，就设法予以重修，不出几月便使学宫焕然一新。他还不顾公务劳累，兼任教员，亲自授课。雩县多年无人考中功名，魏似韩到任仅两年就有人名标皇榜。

魏似韩在雩县任职期间，他做的每一件事皆以造福百姓为宗旨。雩县有名望的绅士曾谢他说："诸弊尽除，公苦矣！"魏似韩则淡然一笑说："求民不苦足矣，我苦我自甘之。"当地百姓

才亦所以哀其德也卒於順治五年戊子距生於天啓六年丙寅

幾二十有三於平慟哉

魏似韓先生墓誌銘

張四教

公度魏公與余少同學壯仕老同賦歸貧老相憐每旬日不晤
卽造廬相訪至則出其所錄與所著者及子孫輩課藝相究閼雖
疏食羹糜不致歡垂三十餘年癸今仲春公以公務抵城為風
寒所侵病且急及余往視公撫余手而惻然余猶婉慰之幸得藥
數日漸愈此後未違一望而公於七月五日竟以前病卒嗚呼天
不慭遺老喪知己余何堪此哉公主器介祉雅從吾遊逾月持所
逑行略跪請誌銘於余以余契公久知公悉也誌曰公諱似韓字
公度兩屏其道號也先世棗強遷萊者自敬芳始敬芳生四子
季良辰良辰生昭昭生琮琮生紳補萊庠增廣生慕義施德有魯
仲連之風至今里中猶傳其周磁商白舅宛諸盛事紳生學禮是
為公之大父富於學善古文詞語必明理試每冠軍七入棘闈不
售竟以歲貢終嘗慮三世單傳因卜佳城於吐子口之郵北而遷
葬焉生二子其仲卽今勅贈文林郎諱彭年者擢邑庠生第一持
身涉世一循天理生四子長卽公也公生而醇慧仁孝性成庭訓
既嚴且勤稍懈卽夏楚隨之公益奮其渭陽氏韓六虛祖母訓
士閱公文欣然曰異時成吾宅相者必此人也年十六遭祖母喪
襄事盡禮承太公命司貨條分縷析井井不紊家貧無以供菽水

莱蕪縣志 卷三四　傳序表志　四　济南善成印务局承印

《续修莱芜县志》载张四教《魏似韩先生墓志铭》

为了表达对他的感激之情，自发组织起来要为他建祠画像，都被他婉言谢绝，他甚至把别人早已为他画好的像亲手付之一炬，尽显高风亮节。

断案如神魏锡祚

魏锡祚（1669年—1734年），字子晋，号长麓，莱芜口镇东街村人，康熙庚辰进士。魏锡祚初任河南林县知县，由于政绩突出，不久升任河南泰州知府，任职十三年。在此期间，他治理政务更为勤勉，均田均役，减轻粮农负担，疏浚河道，修筑堤坝，平息水患，为当地百姓做了许多实实在在的好事。后因其折狱明决，断案如神，又升任提刑按察使司副使。其祖谱载：郡邑凡有疑难大案辄委公会审，他所参与审理的案件无不迎刃而解，既不冤枉一个好人，也决不放过一个坏人。他所在辖区甚至周边郡县无不政通人和，社会秩序井然，因此老百姓亲切地称他是"魏青天"。

据传，他任按察使司副使之初，就十分妥善地审结了一桩悬而未决的人命大案，一时传为佳话。案情如是：当地有一位教书先生，是其父辈弟兄五个唯一的独苗，为了养老送终，弟兄五个都将他视为亲生，并且每家都给他分别娶了一房媳妇，各自使唤，倒也其乐融融，相安无事。

但天有不测风云，某年夏日一晚，教书先生在三叔家吃饭后竟突然暴死，经仵作验尸后认定为食物中毒。其余四个媳妇便都迁怒于三叔家的那个媳妇，指控她杀死了亲夫。官府未加细审，将其屈打成招打入死牢，只等秋后问斩。这女人当时正身怀有孕，她既冤又怕，忙让娘家人为其上诉。但经复审，几乎所有办案官

莱芜口镇东街魏锡祚老宅

魏似韓字公度順治己丑進士授陜西鄠縣知縣鄠舊多弊政賦
外復行私派歲耗民萬餘金到任悉除之舉卓異第一擢工部主
事提督寶源局印務署本司郎中務任滿又提督徐淮中河會
陜西檢察胥人忌之者乃中以鄠籍馬馬多牛名與濫冒者概奏
之時母年老似韓日思省親聞奏即乞歸後詔復職以母病不赴
視膳嘗藥晨夕無間鬚髮皓白猶依依膝下孺慕不知衰者十有
七年母卒哀毀骨立杖而後起治喪一循古禮年八十一歲卒崇
祀鄉賢
劉國英字樂三康熙庚辰進士初任江西泰和縣知縣興學課士
訟獄澄清士民皆懷其德治續爲贛省最六年行取入都授吏部

萊蕪縣志　卷十七　人物志　循吏　八

文選主事遷考功司員外郎補驗封司郎中值樂亭大饑國英奉
命齎帑金二萬賑之事竣回京途次遇飢民流徙者尚多國英悉
給賚遣歸全活無算擢戶部員外郎給事中時有疑獄二使黜吏聽
之必有大眦上命國英秉臬往獄成而孕天顏霽悅顧謂廷臣曰
若劉國英者可謂老實居官矣故當時有劉老實之稱蓋天語也
尋轉吏科引疾歸杜門教授以終其身學者稱松雪先生
魏錫祚字子晉弱冠即貫通經史研究理學中康熙庚辰進士初
任河南林縣知縣以卓異升江南泰州知州泰州東濱海北達高
郵郯伯諸湖田盡汙萊高地僅十之三一遇水患人多播遷錢穀
挂冊按戶無徵舊例催輸值名日當年糧戶凡有著無著之糧

济南启明印刷批承印

宣统《莱芜县志》卷十七人物志对魏似韩、魏锡祚的记载

员皆无异议。案子几经辗转最后落到魏锡祚的案头。魏锡祚接过案宗细细审阅，发现本案有几个重大疑点：一、吃晚饭时一家四口围坐一处共同进餐，为何只有教书先生一个中毒而死？二、饭菜由厨师做好后，是丫鬟直接送去的，被告根本没有投毒的机会。三、夫妻二人一向恩爱有加，未曾有半点仇隙，不可能无缘无故谋害亲夫。

无巧不成书，魏锡祚平时有个习惯，每当遇到棘手的案子时总喜欢看看闲书，以此换换脑筋，理清思路。这天他无意中拿过一本药书随便翻阅，忽然看到里面有这样一条生活常识：紫荆花与鲜鱼相混，人食后必死无疑。他心中蓦然一喜，他让仆人验证书上说的是否正确，先将紫荆花放在煎好的鲜鱼上，然后让狗吞食，一转眼工夫狗便口吐白沫而亡。

次日升堂，魏锡祚命衙役将原告、被告及丫鬟等传至公堂之上，细加审问。当问到丫鬟时，她称那天送饭从紫荆树林中穿过时恰好起了一阵风。有几朵紫荆花自然飘落在盛鲜鱼的盘子里，她怕主人责骂，便把紫荆花仔细拣了出来，但花粉却无法挑干净。魏锡祚又让教书先生的三叔回忆那天吃晚饭的情景，老人说："晚饭时确实是吃的鲜鱼，当时我们老两口及儿媳都不舍得吃，一再让着他吃……"原来如此，都是紫荆花惹的祸！

魏锡祚当下命人将教书先生的媳妇无罪释放。时隔不久媳妇一胎生下了两个白白胖胖的男丁！教书先生的五位老人相约一起来到府衙，见到魏锡祚齐齐跪在地上，口中连声称谢。

莱芜口镇龙马河公园

一身正气魏昭黎

魏昭黎（1722年—1768年），字向明，号南轩，莱芜口镇东街村人，乾隆二十年（1755年）进士。其父冉为拔贡生，其子赞垣亦为拔贡生，故人称"头顶拔贡，脚蹬拔贡"，祖孙三代均有功名。东街村的"进士胡同"即因他而命名。

魏昭黎初任四川夔州府开县知县，后署理奉节县，为官一身正气，铁面无私。当时四川境内有段文经和马朝桂为首的一股土匪，经常四处骚扰，搅得鸡犬不宁。附近郡县的官令或装聋作哑，视而不见，或与土匪同流合污，从中牟利。但魏昭黎却疾恶如仇，督促官兵和民团加强防御，随时击退土匪的进犯，使段文经和马朝桂这两个匪首闻风丧胆，不敢越雷池半步。据祖谱载：公令开县时，（土匪）相传不入开境，及署理奉节时又相传不入奉节境。故辖区内百姓安居乐业，一派升平景象，宛如世外桃源。

魏昭黎初任开县知县，得知百姓赋税沉重，怨声载道，他下决心要革除此地多年遗留下来的弊政。有的同僚曾劝他：大人只要依旧例行事，清正为官就行，何必自找麻烦，惹火烧身呢？魏昭黎慨然作答："明知百姓陷于水火而不起而拯之，可谓父母官耶？"于是他不顾非议，减免百姓的苛捐杂税岁不下数千金。开县百姓奔走相告，无不感激他的大恩大德，但他也因此触怒了那些习惯于搜刮民脂民膏的贪官们。祖谱载：因其清正廉洁，"故事上官无馈问，上官不悦也"。他没有钱也不愿向上司行贿，曾一度影响官位的升迁，然而他对此毫不介意，只要让老百姓得到利益，个人的进退荣辱又算得了什么？

魏昭藜对上司无半点媚骨，刚正不阿，对下属更是严加管束。他曾约法三章：一、不拘私枉法；二、对犯人不能轻易用刑；三、如有作奸犯科者与庶民同罪。以上三条倘有触即严惩不贷。相传魏昭藜担任奉节知县时，官府抓获一名小毛贼，几个衙役想借此机会敲犯人的竹杠，谁知这小毛贼却不肯就范。他们便暗地里对其滥施刑罚，将犯人打得遍体鳞伤，奄奄一息。魏昭藜得知此事后勃然大怒，将这几个无法无天的衙役传到大堂之上，当众各打五十大板，并将其投入大牢服刑，此举煞住了徇私枉法的不正之风。当地民众对魏昭藜的执法严明交口称赞，钦佩不已。

魏昭藜因政绩卓异，后升任直隶州知州，正当他踌躇满志，准备大显身手的时候，竟不幸病逝，享年仅四十六岁。

刘廷彦

九年为官，名齐韩范

民谣传："一年知府十万钱，九年为官一木匾，千里迢迢耿四字，名齐韩范难不难。

刘廷彦，字殿臣，号虞临，清代济阳曲堤东街人。康熙二十六年（1687年）中武举第四十名，康熙三十六年（1697年）中武进士第八名、殿试第八十七名，康熙四十八年（1709年）选授四川宁番卫掌印军民守府。到任后，他一方面了解治理府衙内部，一方面私访黎民百姓。他见到大片田地荒芜，得知是盗贼团伙时有出没，黎民百姓不得安宁，便立即扩招府衙卫士，组织乡间武练，拿盗贼，平蛮团，一年内百姓得以安心生活。他见百姓还以击石取火，便派人从山东老家买了两车照火球解决取火问题。

后又派人到山东老家，搜集胡萝卜种、芝麻种、棉花种等带回宁番，次年春，带人整日外出，到田间传授种植方法，天天带着两脚泥回来。在他的亲身传授和宣传下，宁番一带改变了单一种植甘蔗的传统，也种上了五谷杂粮，农业生产很快得到突破性

清末四川村庄旧影

发展。他到任的第五年夏季，一场洪水冲毁了小营村整个村庄，人们在洪水中救出两个孩子，他们的父母全被淹死了，无依无靠，刘廷彦便将他们带回府衙收为义子，直到回山东老家也带在身边，当亲儿子看待。

据说他在宁番主持文武童生考试，许多应试童生投递门生帖，希望拜到他门下，刘廷彦坚辞不受，两学先生都说他考试公明。宁番矿产丰富，部分官员为了牟利私开矿厂，四川巡抚年羹尧下令严查，一些官员被革职，刘廷彦"丝毫不染，亦保无事"。

由于常年操劳奔波，刘廷彦不到六十岁已积劳成疾。经年羹尧上奏，朝廷批准"原品休止"，告老还乡。月余后，年羹尧到宁番巡视新官到任情况，得知刘廷彦还未返乡，便去看望，刘廷彦说已派儿子回家取路费，返回后再告老还乡。看到刘廷彦一贫如

清末四川自贡自流井地区生产食盐，源源不断通过水路和陆路运往各地

洗，又加上收养的两个孤儿年幼，年羹尧便将此奏报皇帝。康熙得知刘廷彦如此清廉，很是感动，便颁下"逢州吃州，逢县吃县"一旨。

刘廷彦要回故里的消息很快传遍了十里八乡，大陈庄的乡亲木工们赶制了一块木匾，上刻"名齐韩范"四个金字送到城里，百姓哭送十余里长跪不起。无奈，刘廷彦跪在地上说："我在川九年，是乡亲们养育了我全家，衣食父母不回，我就跪在这里不走了。"百姓才相继散去。

刘廷彦一路上牵着马，驮着百姓送的匾，后面跟着妻子和儿子，还有两个义子，逢州吃州，逢县吃县，回到了山东老家。街坊们听说在四川做官的刘廷彦回家了，都赶来准备给他卸运东西。谁知见面后除了那铺盖卷外，只驮了一块木匾回来。有人因此编了顺口溜唱了多年："一年知府十万钱，九年为官一木匾，千里迢迢驮四字，名齐韩范难不难。"

李慎修
"白面包公"，直言敢谏

风纪清班世所荣，君恩晚岁许题名。老成岂敢当天奖，孤直由来自性生。晨漏勉随鸳鹭序，朝阳虚说凤凰鸣。只今衮职无遗阙，愚陋何缘补圣明。

——清·李慎修《改授御史》

李慎修

李慎修（1685 年 —1754 年），字思永，号雪山，清代济南章丘人。康熙五十一年（1712 年）进士。授内阁中书，累迁杭州知府。雍正年间入为刑部郎中，治狱多所平反。乾隆年间官江西道监察御史，身材矮小，而"胆大于身"，以直言敢谏闻名。

雍正四年（1726 年），李慎修出为杭州知府。此间他从严惩治贪官污吏，使杭州九县的大小官员，勤于民政而耻于贪鄙，社会安宁，百姓乐业。翌年入京为刑部郎中，居此职十余年，多次平反冤狱，执法如山，有"白面包公"的美誉。曾有一官员侵吞公款，刑部欲以挪用公款案从轻发落，李慎修坚决不同意。有人示意这样处理是皇帝的旨意，李慎修说："既然恩出自皇上，我司官枉法，那还有何资格做法官，还有什么颜面坐在这个位子上呢？"最终依照法律处理了此案。

乾隆元年，他被调河南省任南汝光道台。上任伊始，他便先整顿社会治安、惩办邪恶势力。抓捕合伙拦路抢劫的霸首五人、同案犯十八人。当地百姓无不拍手称快。为感谢他的付出，庄头社长联众聚款，为李慎修建祠塑像，尊称他为"白脸包公"。李慎修知晓后，找到当事人说：众人的心意我领了，但这做法欠妥。他责令部下将塑像推倒改修祠堂，改换范文正公（范仲淹）彩塑。

李慎修字恩永，號雪山，康熙壬辰進士，由撰文中書擢主事，出知杭州府，督辦牟屡，吏治肅清。雍正五年遷刑部陝西司員外郎，晋廣西司郎中，歷廣東、浙江、雲南司，前後十餘載……多所平反。嘗有京官某招一居人作佃戶……以金居人妻素注乘屠醉縊殺之而誣京官某……

職銜見舊志
張福嗣，體幹魁梧，有勇力，康熙三十五年以郷勇……隨征葛爾丹三載，無失事，事平授尉職……就缺珠訪　就補增

李慎修老成㷔爽，宜授御史職，乃改授江西道監察御史，指陳時事，盡言無隱。尋改授湖南衡永郴桂道。過武昌，商人感舊德，奉金爲壽，終弗受。十二年解組歸，優遊林下者七載，著有《内訟編》《吏治厄言》《倫理至言》《勒民俗話》，立祠說、恤四說、檢驗說諸書，邑人韓尙夏爲之傅。

焦殺祚，康熙癸巳進士，授内閣中書，借補奉天府經歷，歷權海城、廣寧，夷賜鐵嶺諸縣事。有莊頭侵漁民業，悉奪歸寇之旗人，每私役民間子女……

歸服，除補江南驛鹽道

道光《章丘县志》卷十一对李慎修的记载

当地百姓更加称颂，赞誉他为"包公再世、范公传人"。

李慎修刚烈清白，持守正道，蜚声朝野。乾隆皇帝曾亲授御笔墨宝："老成淳厚"。一次，他因事重返武汉，一位吉姓富商为报答他当年的恩德，指使下人敬献当地特产为其贺寿祈福，被李慎修婉言谢绝。富商误认为李因礼轻而拒收，当晚他亲自奉献珠宝玉器。李慎修对其厉声说道："我交友是清茶一杯，从不做金银之奴！"

历史上，清代最有名的大案之一就是审年羹尧一案，李慎修参与审理此案。审年一案，李慎修铁面无私，以其超群的智慧、惊人的胆识，历尽艰险，终于降伏了不可一世的年羹尧，以九十二款定其死罪。

李慎修好为诗，才情纵逸，下笔千言立就。一日，乾隆帝召见李慎修，问他会不会作诗，李慎修趁机进言："皇上日理万机，

恐以文翰妨政治，祈不以此劳圣虑。"帝曰："真看不出你这个小矬子，却能直言若此！"他回答说："我虽面貌丑陋，但心地善良。"

李慎修年近花甲，因身体虚弱退职还乡。当乾隆皇帝得知他在老家章丘只有盲妻、二子和三亩旱田后，赞他一生廉洁自律，亲赐他官田六百亩。李慎修则以低息租于当地农家耕种，歉年粮租免除。乾隆十八年（1753 年）卒。故土百姓感恩于他，便改村名为"官庄"，自此沿袭至今。

李慎修与另一担任御史的山东高密人李元直齐名，号称"山东二李"。京师人称元直为"戆李"，慎修为"短李"。

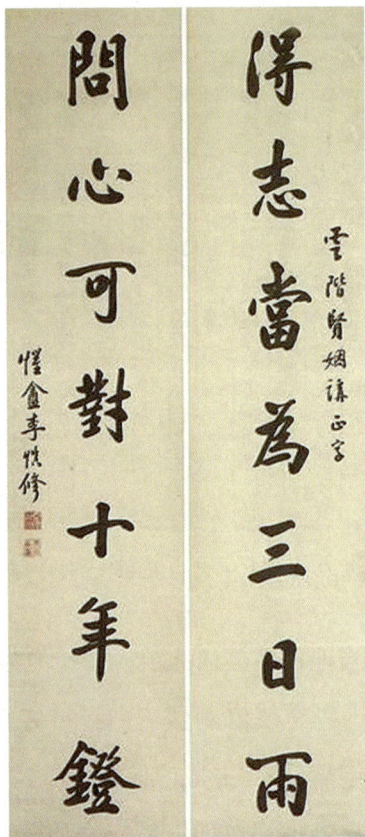

李慎修书法作品

胡德琳

"饥溺轸素怀，疾苦勤咨访"

　　胡德琳好藏书，一生爱书而无他。家所蓄书籍堆满房间，因无暇整理，以至于来访者无坐立之地，自嘲为"书巢"。曾取杜甫诗句刻有一藏书印为"安得广厦千万间，大庇天下寒士俱欢颜"。

胡德琳，字碧腴，号书巢，广西桂林人，乾隆十七年进士。乾隆二十五年（1760 年）十二月任济阳知县。他廉洁爱民，为人博雅好古。在济阳任职期间，尽显其精明干练的才气与老辣务实的作风，深受百姓赞誉和上级嘉许。

济阳地势较低，逢大雨，易内涝。胡德琳查阅治水资料，进行实地勘查，与僚属们跑遍境内涝洼地区。对流经县境北部的徒骇和夹马（又名土马河）两河，考源查流，相形度势，设计科学治理方案。特别是对徒骇河南面的诸条排水沟渠做了仔细查勘，插标作记，施工整治，治水取得明显成效，百姓立碑于太平庄（今太平街道）以纪其事。

胡德琳关心人民疾苦，从他的诗词吟咏中可窥其情怀。

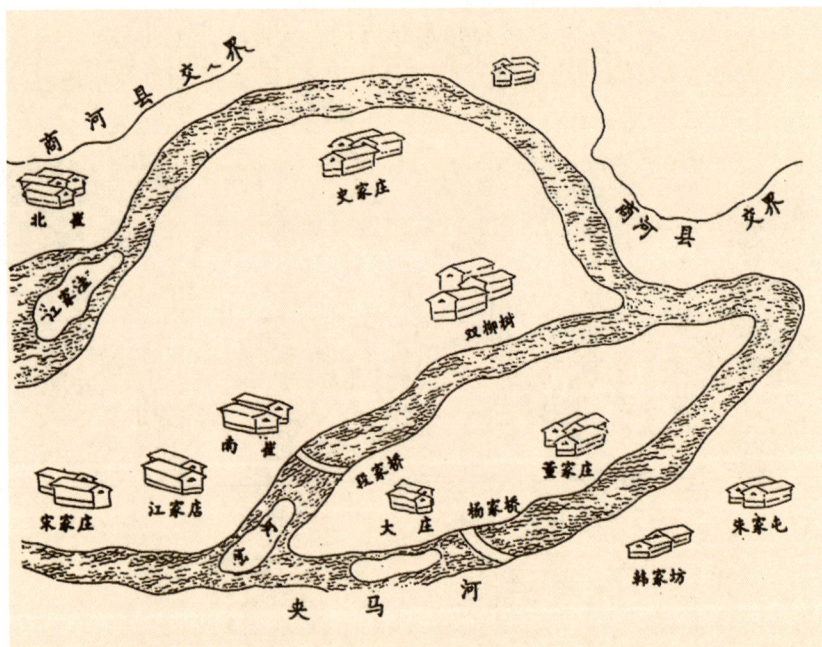

《济阳县志》中胡德林疏浚沟渠图

胡德琳字蓉西陽桂人進士乾隆三十一年自濟陽縣調歷
城俊於幹濟在濟陽時因民苦積潦乃挑淡之遂成沃壤土洎任
歷城廉明惠愛博甚積晉延金都李希婦文藻邑人
劇曹昌永年重修縣志記載浩博細大不捐擢蒞荷志帙倍
陞任濟盈知府加意泊河縜修志乘濟陽歷城東
昌儿三戌晉云
王溥字孟華魏半堂江蘇山陽人進士乾隆三十七年知歷城縣
剛斷有治劇之才邑爲會城首劇訟煩紧多躬自聽斷不脛門
官之助每日常問四五十案性不喜華侈出門坐疏布屑與不
張傘蓍宵小堅之卿逃升陝清知州時州未改直隸也墨更議
以從討逆匡倫有功歷官至臨清直隸知州

胡德琳字藥西書巢廣西臨桂進士乾隆二十五年任提倡風化
振興文教邑志自順治初年邑侯解公元才重修後經百
十五年未修侯綱羅搜輯因其舊而釐訂之增十之六七
體例明備彙爲成書尤關心民瘼風夜經營不遺餘力先
是邑地故多窪下每遇秋潦軏成澤國侯相度地勢開濬
萬工白浪淮里崔家等溝使之有所宣洩居民戴德至今
口碑載道云
魏禮焯字襄齋直隸豐潤舉人乾隆末葉爲邑令有重修
肇濟樓碑記及肇濟樓詩懷律詩文獻銷沈政績
無可考然誦其詩撫其碑其仁風清節猶得於字裏行間

民国《济阳县志》对胡德琳的记载　道光《济南府志》对胡德琳的记载

入夜戴星归，明月照虚幌。微雨忽渐沥，声杂候虫响。

聊作文字饮，慨然谓吾党。田野多哀鸿，群黎悲拾橡。

饥溺轸素怀，疾苦勤咨访。

胡德琳进士出身，在四川任职时已经文名颇盛，为当时著名诗人袁枚等所推重。他在任期间十分重视文化与教育的建设，为济阳做了三件受人称道之事。

续修《济阳县志》。济阳县此前已有三部县志，即明代的成化志、万历志和清初的顺治志。但是成化志是草创，早已散失；万历志过于简略；顺治志仅是对万历志的补遗，简而又简。鉴于这种情况，胡德琳于乾隆二十八年（1763年）亲自主持编修县志，新县志尚繁不尚简，正文中片言只字皆有依据，引文皆注出处，体例较为完备，征引博洽，记事详而不杂，出版后即见称于世，成为方志界纂辑派的代表作之一，被誉为佳志。

编辑《蒿庵集》。济阳人，经学大家张尔岐对"三礼"（《周礼》《礼记》《仪礼》）的研究可谓是清代的巅峰，被誉为"山左第一人"，但因一生隐居不仕，家境贫困，许多著作仅有手抄单行本，并无文集传世。康熙十年（1671年）左右，张尔岐曾自编《蒿庵集》一书，也因经济拮据无力刊刻，只有手写本在同好中传阅，待到胡德琳任职济阳时已经"文集散漫"，求而不得。胡德琳非常敬重张尔岐，称他"有柴桑之高致，而不以气节自矜"，称其学识"广大精深"，因此"无时不以先生之集为念"。"因与一二同好搜罗编排"，终于编成《蒿庵集》并刊刻问世，使这位经学大师的著述得以流传世间。

培育人才。胡德琳治县"以振兴文教为第一义"，尽管来济之时正逢严重水灾，他常年奔波在治水排涝第一线，但在百忙中仍然不忘整顿学校，整饬学风。他亲自到县学考核生员学业，以成绩优劣定等次，明赏罚，使县境内学风大振。

李隶中
"不名一钱，时称山左清官第一"

清咸丰元年《龙门县志》称：

"隶中历宰六邑佐二州，不名一钱，

时称山左清官第一。"

　　李隶中（1713 年—1781 年），字司五，号崖峰，广东省龙门县龙华镇新楼下村人。清乾隆十七年（1752 年）举人。历任山东福山、黄县、博山、邱县、莱芜等县知县及德州州判、临清直隶州州同。

　　李隶中为官刚正不阿，勤政爱民，多善政，不贪一文。清咸丰元年《龙门县志》称："隶中历宰六邑佐二州，不名一钱，时称山左清官第一。"

　　任莱芜知县时，莱芜县地瘠民穷，民俗犷悍。李隶中治理半年后，旧俗大变。县中张某，为霸占堂弟田屋，竟诬告其堂弟乱伦。李隶中在审案时对张某晓以大义，使张某道出诬告实情，最后使其兄弟感泣，和好如初。

　　属地有一些胥役、里长以迎接乾隆皇帝东巡为名，向百姓索取财物，中饱私囊，李隶中发现后严加惩治，并将索取财物归还百姓。

　　李隶中任莱芜知县时，山东与河南交界的河堤溃决，当地资

莱芜卧云铺

财短缺，无力修复。他慨然捐出薪俸，并向粤商贷款垫支，又寄函其弟在家筹资，河堤终得修复。莱芜士民十分感激，商议要立德政碑，被李隶中得知后劝止。

李隶中在任福山知县时，有一横蛮士兵，仗势强夺民财。经他查实后，惩处了这个士兵，百姓为之称快。乾隆三十九年（1774年）和乾隆四十五年（1780年）他担任乡试校阅试卷的房官。李隶中主考童子试，不徇私情，拒绝请托。并作感怀诗，云：

十年书剑远飘篷，此时才膺百里封。保赤有心愁学浅，御寒无策为官穷。板桥直接荒城路，野树横悬古庙钟。但愿尔民耕且读，讼庭花落鸟啼空。

旧志称其"所作感怀诗，东人传诵之"。这是其现存唯一一首诗歌。

乾隆四十六年（1781年）李隶中卒于任。莱芜百姓悲伤不已，

龙门县龙华镇新楼下村李氏故居

至次年送其灵柩回归故里时"犹哭声震野"。据《李氏族谱》记载，自李隶中于清乾隆十七年（1752 年）考取恩科举人起，至清末，龙门县龙华镇新楼下村共出了 8 位举人，14 位贡生。

陆　耀

"崇实黜虚"，为民经世

"利，莫大于阜民之财。害，莫
深于夺民之食。"——陆耀

陆耀（1723年—1785年），字青来、朗夫，吴江芦墟人，官至湖南巡抚，在乾隆年间，以"清节"为天下第一。曾官居济南，任山东按察使、布政使。

陆氏世居吴江芦墟，陆耀曾祖埈，元祖铨。父亲陆瓒曾官保德州吏目，位卑而德劭，精汉隶，为官不名一钱，上司嘉其操守，常借口索取其书法作品而给予丰厚的回报，瓒却全部用于修葺保德官舍。陆耀自幼承庭训，笃志于学，事母家居，虽家无隔宿之储，却不以贫故少挫其志，奋励以古贤达自期。乾隆十七年会试，授内阁中书。会遭父丧，回乡守孝。服除后，入军机处，涍历户部郎中，皇上知其才，授山东登州知府。其后历任山东运河道、按察使、布政使、湖南巡抚。

在湖南为官时，岳麓、城南两书院，肄业者多，经费不足。陆耀出其积蓄，助为膏火。他一生关心教化，重视书院建设，认为书院作育人才，当以立品为首务，词章次之。他亲自厘定规章制度，切实执行。还提供借书条件，以保证清寒学生课外阅读。要求生员循礼遵法、敦品力学。撰科场《条议》，论列杜绝弊端之各种措施，以期"振拔孤寒，而登实学"。在教育思想方面，他重通经致用，致力经史，强调勿以"功利词章靡费岁月"。申戒学生严守法令、学规、考规，防止干预外事。

乾隆五十年（1785年），一本薄薄的小册子经过山东巡抚之手，呈送到了皇帝的御案。小册子仅数页，乾隆帝翻阅的时间很短，感叹的时间却很长。他随即下令，将这本讲述甘薯种植和保存的小书刻印，发行各地，推广实践。自此，百姓皆知"种薯之利，广为栽种，接济民食"，日益突出的饥荒问题得到有效缓解。编写这本《甘薯录》的，就是曾任山东按察使、布政使的陆耀。

陆耀为官清廉，并经常告诫下属守律，曾手书廉政官箴三则，他更以此自律。陆耀在湖南巡抚任上时，各省督抚都要搜罗民间奇珍异宝进献京官，以讨其欢心。但陆耀不与此种人为伍，即使对乾隆皇帝也不过进献几样当地的土产，对于权贵，陆耀更是不媚不怕，从不孝敬一金一银。据载，有一年湖南大旱，总督亲抵巡抚衙第，陆耀尽以蔬肴招待，告说："此间不雨久矣，祷雨戒屠杀，从是不茹荤。"总督深为陆耀虔诚求雨，解民于倒悬之心感叹："吾日前入境，所至馆舍，酒肉淋漓，奴隶醉饱。而家人莫以告，是吾过也！"随即，令人撤去餐具，连素食也不吃，以表悔恨之心。

相传，乾隆皇帝第五次下江南来到吴江时，正值中秋时节，闻悉当时任山东按察使的陆耀正在家中尽孝道，为生病的母亲侍奉汤药，于是由知县陪同前往芦墟探视。陆耀得知皇上驾到，马上出门迎接，将乾隆皇帝接入堂内后，即将茶水敬上，并以应时之品——本地的重油重糖苏式月饼相款。乾隆皇帝吃了连声称佳。从此，芦墟月饼被列为贡品。乾隆皇帝返京后，因陆耀为官清正、治理灾荒有功，钦赐匾额一块，竖书"龙章宠锡"四个大字，悬挂在陆氏正门。

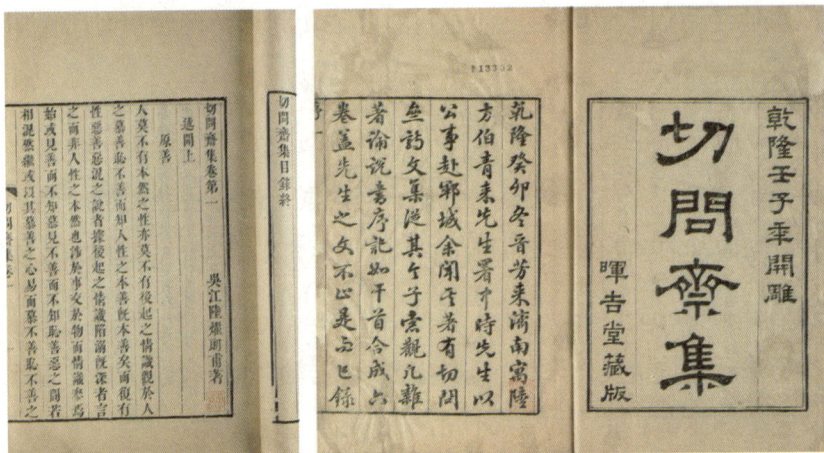

陆耀撰《切问斋集》十六卷

因此，迄今此处遗址仍有"竖头斋匾"之称。

陆耀的仕途生涯，大部分是在山东度过的。在任期间，他为政躬亲，讲求实务，任劳任怨，或考察烟草栽培，或推广甘薯种植，或治理运河积弊，足迹踏遍齐鲁大地，功效显著。他的巨著《切问斋文钞》，构成了他"崇实黜虚"经世思想的核心。

可惜的是，陆耀在此书颁行天下的前夕，因过度操劳病故于湖南巡抚任上，卒时仅留"敝衣数箧"而已。陆耀在此为官期间，"居官廉俭"，律身严正，屏除馈送，不准行贿受贿。陆耀常说："利，莫大于阜民之财。害，莫深于夺民之食。"陆耀以身作则，要求部属仪礼从简，力戒奢靡。他曾严令撤除酒肉丰宴，他本人一直坚持"食惟菽乳蔬蔌"的节俭餐饮。

陆耀身边保存着一件旧棉衣，那是幼年读书时，母亲用自己的衣服添上棉絮，让陆耀御寒穿的。陆耀常常拿出这件旧棉衣，告诫子女过日子要讲究勤俭。陆耀六十三岁操劳过度身亡。他对宦居多年的济南充满感情，遗著中便有一册《济南信澂》。

方 昂

屏绝酬酢，清流曡曡

清风两袖朝天去，不带江南一寸棉。惭愧士民相饯送，马前洒泪注如泉。

——明·况钟《拒礼诗》

方昂（1740年—1800年），字叔驹，号坳堂，清代济南历城人。童年时便习诗书，稍长则博览经史。十八岁补授博士弟子。乾隆二十七年（1762年）中举人，三十六年（1771年）中进士，授刑部主事。后迁郎中，掌管秋审及督促要案的审理事宜达十余年之久。性耿直，每遇事有疑必与同僚、上司力争，不屈不挠。时秋审更换新条例，规定凡以金刃杀人都定为情实，于是秋审册内的案件骤然增至一百八十余件。方昂对同事道："秋审是为慎重民命而设立的，本应该从必死之中求其可生之人，怎么能于可生中求其必死呢？"要求根据案情轻重以核罪。后乾隆帝颁旨更正此条例。

乾隆五十四年（1789年），任江西饶州（今波阳）知府。时安南（今越南）阮光平新降，到朝廷觐见，所经州县、驿站皆供物。一入江西境内各州县亦均有馈赠，独方昂令其下属不给，说："国家以威德服四夷，非夸以靡丽。"

翌年升任江苏苏松道（治今上海市），三个月清理积案三百余件。乾隆五十九年（1794年）任松太道。海盗屡犯境，总督、提督会于宝山商讨剿灭事宜，方昂陈八条策略，得以施行，消除了隐患。次年补江宁（今南京）盐巡道，除强暴，平盗贼，"砥砺民风民俗，屏绝酬酢（谢绝应酬）"，受到同僚的敬重。

张　敔

磨而不磷，"此画不予"

乌纱掷去不为官，囊橐萧萧两袖寒。写取一枝清瘦竹，秋风江上作渔竿。

——清·郑板桥《予告归里画竹别潍县绅士民》

张敔（1734年—1803年），字虎子，一作虎人，号雪鸿、芷园、木者等，晚号止止道人。清代济南历城人。祖籍江宁（今江苏南京），其父于清康熙年间在山东为官，迁至济南。乾隆二十七年（1762年）张敔中举人，官湖北房县知县。他天资聪慧，性情豪迈，能书、工诗、善画，有"三绝"之誉，同时又通音律，亦能篆刻，富有艺术天赋。他书法擅长篆、隶、真、草等各体，画则山水、人物、花鸟皆擅。

张敔天姿高迈，幼从师读书顽皮，老师曾以手指点其额呵斥，张敔偷偷地将此情景画图一幅，神情逼肖。性潇洒，遇权贵则意气兀傲。在京师友人处游玩，有一高官来访，张敔避入内室不见。高官见墙上悬挂的张敔画，十分喜欢，托主人索画并许以重金。张敔听说后，怒而不应。任义乌知县时，浙江布政使面索其画，应之，但却始终未给。一天，到省城见布政使，布政使问道："你的画如此难求？"张敔对道："朝廷让我来做官，不是让我来作画。"布政使无话可说。

张敔绘《四季花鸟图》屏

陈汝恒

治黄廉吏，济世利人

峰峦如聚，波涛如怒，山河表
里潼关路。望西都，意踌躇。伤心
秦汉经行处，宫阙万间都做了土。兴，
百姓苦；亡，百姓苦！

——元·张养浩《山坡羊·潼
关怀古》

　　陈汝恒（？—1889年），字友三。性慷慨好施，有济世利民之心。

　　光绪八年至九年（1882年—1883年），黄河泛滥，山东连遭水患，灾民遍野。陈汝恒出家资放急赈，购造救生船二十余艘，昼夜穿梭搭救灾民。又分别在黄台山、花园庄东建房五百余间和三百余间，以栖灾民，并设粥厂、施棉衣，救济无家可归者。光绪九年冬，受山东巡抚陈士杰委任，陈汝恒办理齐东黄河南岸七十余里大堤修筑工程，又捐巨资，采用以工代赈之法，使工程得以按期竣工。

　　光绪十年（1884年）夏秋之交，黄河在齐东上游萧家道口漫溢冲决，陈汝恒再次出资赈济，并添购船只，连同以前自购的救生船，用于抢救灾民、运送堵口材料。堵口工程进入合龙阶段，水口流急势威，众人惊愕胆怯，关键时刻，陈汝恒登上大堤，一

清末民初安静的洛口镇

跃跳入水口，人们随其跳入，其他人则趁势打桩填物，合龙才得成功。后来齐河南店子出险，陈汝恒作为三游河工总稽查，首先将该地居民迁至北店子，建棚舍予以安置，并增修斜堤一道，长八里，人称八里堤，令济南长期受益。陈汝恒从事河工以来，从未支领薪水，被誉为"治黄廉吏"。

陈汝恒任上还创办慈善机构广仁善局、全节堂、育婴堂，修缮曲阜孔庙和省城泺源书院，并捐资生息以作书院生童膏火费，在城厢设立义塾十余处等。诸凡善事，无不力为，综计所捐各款"不下十万金"。小清河黄台桥一向不设税卡，有地方胥役寻机在此设卡收税，苛扰百姓。陈汝恒闻后，立即向山东巡抚反映，税卡

清末民初的山东黄河沿岸

1910 年，从泺口码头远眺华山

被罢除，受到商民的称颂，历任山东巡抚均敬重他的为人，以河工积劳，多次保其为道员。

光绪十五年（1889 年），陈汝恒病故于家中，年仅四十余岁。经山东巡抚张曜奏请，加授太仆寺卿衔。

丁宝桢

中兴名臣，"国之宝桢"

丁宝桢为人正直，勤政廉洁，广受朝野好评。礼部尚书李端芬高度评价丁宝桢的功德情操，把他与曾国藩、左宗棠等同推为中兴名臣。

丁宝桢像

丁宝桢（1820年—1886年），字稚璜，贵州平远（今贵州毕节市织金县）牛场镇人，晚清名臣。咸丰三年（1853年），三十三岁的丁宝桢考中进士，此后历任翰林院庶吉士、编修、岳州知府、长沙知府、山东巡抚、四川总督。丁宝桢为官生涯中，勇于担当、清廉刚正，一生致力于报国爱民。任山东巡抚期间，两治黄河水患、创办山东首家官办工业企业山东机器制造局、成立尚志书院和山东首家官书局；任四川总督十年间，改革盐政、整饬吏治、修理都江堰水利工程、兴办洋务抵御外侮，政绩卓著、造福桑梓、深得民心。

咸丰三年（1853年），丁宝桢中进士，并被选为翰林院庶吉士。不久后，因母亲去世返乡丁忧，恰逢遵义的杨隆喜造反，丁宝桢倾尽家财招募了八百壮士保卫家乡。咸丰六年（1856年），丁忧期满，恰逢苗民教匪叛乱，叛军蜂拥而起。时任贵州巡抚蒋霨远上奏朝廷，申请让丁宝桢部留在平乱军中，皇帝同意并特别下令授予丁宝桢编修一职。此后，丁宝桢增加在民间的招募，士兵总数达到四千人，并先后收复平越、独山等诸多城池。咸丰十年（1860年），丁宝桢任岳州知府后，遣散了之前招募的军队。但由于亏欠的饷银非常多，丁宝桢把五百两银子放在桌案上，对大家说："我和各位在一起共事很久了，现在府库的钱粮短缺，你们空着手回家，怎么办？"大家流着泪说："您不惜捐献所有家产，解救国难，我们还怎么敢有另外的要求？"于是纷纷离开。丁宝桢成功化解了无饷可发的危机。

同治十年（1871 年），黄河在山东郓城决口。丁宝桢亲赴工地，指挥抢险。两个月的时间里，丁宝桢与役夫同甘共苦，于二月二十四日"工竣合龙"，堵住了决口。同治十二年（1873 年），黄河再次遭遇大决口，数百万人流离失所。面对滔滔洪水，各地紧急调来的治河官员纷纷推诿，束手无策。丁宝桢又一次挺身而出，军民同心，历时半年筑起了高十四尺、宽三十尺、厚百尺的障东堤。二百五十里的障东堤修好后，近百年来黄河此地不再决口，保证了方圆几百里村庄的安全。

光绪三年（1877 年），丁宝桢组织了大修都江堰的工程。他注重调研，与时任灌县知县陆葆德往返勘工十二次后，得出结论：都江堰用竹笼堤"岁修累甚"，拟修建成永久性的防洪堤。丁宝桢将都江堰分水鱼嘴、内江仰天窝鱼嘴、蒲柏河鱼嘴和人字堤全部改用条石

丁宝桢写给长子丁体常的家书，告诫儿子"为官切忌谋求钻营，不可妄取民间一钱"

丁宝桢创设的山东机器局（1908 年）

修砌。条石之间用铁锭互相闩住，并用桐油、石灰、糯米汁嵌缝。
同时，还石砌堤岸一万二千余丈，修建白马槽、平水槽等导水、
泄水工程，疏淘内、外江干流及江安河入口段等淤塞河道，挖河
土四十多万方，有效预防决堤险情的发生。

　　丁宝桢的政绩很大程度得力于用人，他提拔官员看重德才兼
备。他在实践中深刻体会到："上谕为政，首在得人"，只有"重
用德才兼备之人"，才能把事情办好，所以，"深维求治，以任
贤为急"。他用人的标准，一是"居心行事"；二是"苟异于人"。
也就是说，要用有事业心而且确有奇才的人，而不是"只会做官
不会做事"的"阿混"。对人才的考察，必须"察其言，观其行"
而后"知其人"。每到一处，便悉心查访，但遇心术正大、才识卓越、
能办实事的人，便极力保举、提拔。他发现丁彦臣是一个"才识开拓、
器向宏深，明干笃实"的人，便保举他治理山东河道。办洋务，

保举了一批"博求通识之士"，如薛福成、张荫桓等。在抵抗外来侵略中有功的长庚、鲍超等，都是丁宝桢一手提拔起来的。

丁宝桢为人正直，勤政廉洁，广受朝野好评。礼部尚书李端芬高度评价丁宝桢的功德情操，称赞他是"中兴名臣"。丁宝桢履职山东时，已过不惑之年，宦海沉浮，始终秉持他的为官之道。他做官的理念、治家的原则，在给儿子的家信中，谆谆教导，清晰了然。

光绪二年（1876年）五月十日，丁宝桢在山东巡抚任上。当年初，长子丁体常以知府衔，被吏部发往山西候补。得知长子携家眷平安抵晋的消息后，丁宝桢十分欣慰，在一封家信中，起笔温情相问，随后对儿子即将踏上的仕途展开指点。

丁体常为候补知府，丁宝桢给出的首要建议是什么呢？这封家书诸多细节，令人动容。部分摘录如下：

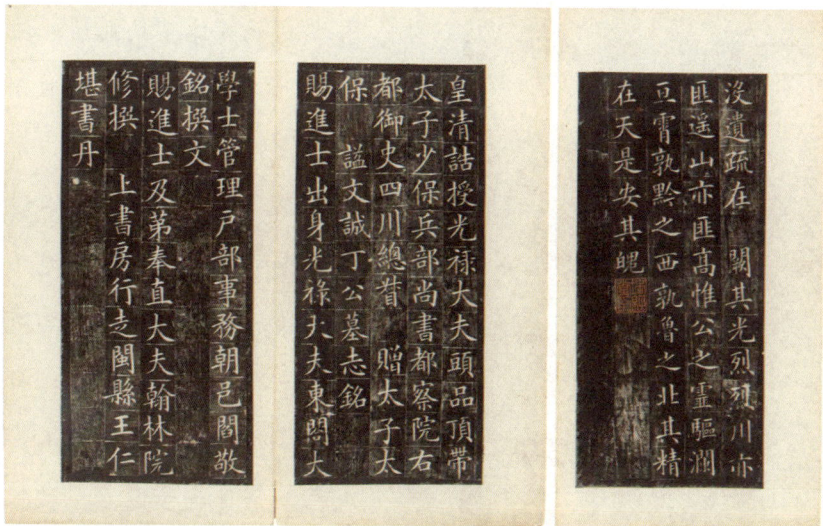

丁宝桢墓志拓片

尔在晋可谨。凡谨慎，第一要好好调养身体，比身体结实而后能做事也。至于做官，一切补、署，自有天定不可强为。我们只尽其在己，何谓尽己？不怠惰，不推诿，不轻忽，不暴躁，而又歉以处己，和以待人，忠厚居心，谨慎办事，如是而已。其余一切非本己所可必，不必营求、焦急，徒自损心力。此居官之要，尔其志之！如将来或补或署，则须刻刻以爱民为心。遇有词讼各事，民事即己事，切不可忽略延玩。然此尚待后来，今日则不及此。惟此心须存于未经补署之先，临时更加内省耳。

由以上原文可知，丁宝桢谈到一位官员的自我修养，切忌钻营，徒自损心力。紧接着，又谈论到如何理家。

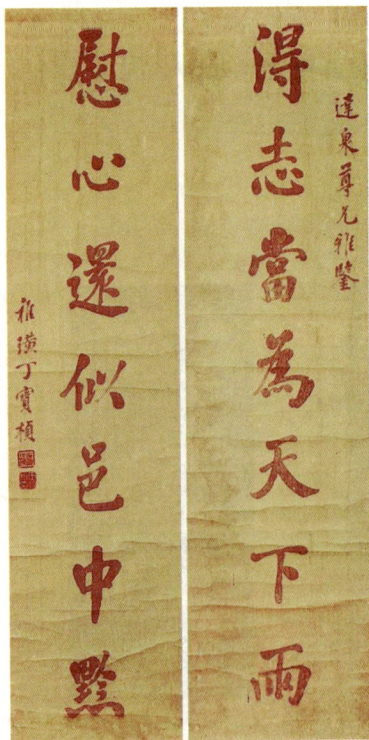

丁宝桢手书对联

山西各物昂贵，诸事不甚方便，此最好事。百物昂贵，则少买，可以养俭约之心；诸事不方便，则少打算，可以损无益之费。故人谓此地不好住，我则谓此地正宜住也。试思从前我们在家时，一家大小仆妇人等，亦有三四十口，而祖父每年所用至多不过四百金。其间穿衣吃饭，不过不人人穿绸缎，而布衣则每人总有二件；不过不人人吃肉，而每日二三斤肉，亦终年必有，究未尝十分减色。今日我等做官，动辄花费数千金，果有益乎？无益乎！

不过暴殄作孽耳！

这些话，今天读来，仍觉警钟在耳。长子体常远赴山西，自立门户，丁宝桢信中与其所谈十分详细。回忆起在贵州的故人，有怜惜，有哀婉，也有自省。谈到今日生活，敦促励志，倍加珍惜，对于长子一家在山西的生活，吃饭穿衣乃至所服药方均有涉及，关怀十分细致。

家用务宜节省，肥浓易于致病，不如清淡之养人。华服适滋暴殄，不如布衣之适体。

丁宝桢考虑到，山西比较寒冷，冬天需要穿大毛皮衣，这固不可缺。甚至讨论到物价，山西皮毛是特产，应比山东便宜。嘱咐儿子及家眷，每人需准备一两件过冬。

为人只要不饥不寒，即是天地间一大福气。试看做官之家，奢侈无度者，究有几人可以长久？即此以思，则视人之膏粱文绣，不啻浼身之具矣，尔其志之！

丁宝桢又叮嘱，暇时仍须写字读书，作诗文或看律例、驳案等书，以养身心而长见识。

吹烟一事，千戒万禁，决不可染，万万勿忘，为嘱！

为父之心，耳提面命，吸食鸦片这样的恶习，无论如何，万万不可沾染。

光绪十二年（1886年），丁宝桢在四川总督任上去世，享年六十六岁。由于朝廷发放的俸禄多数被用于救济贫困百姓，这位封疆大吏病危时竟然债台高筑。丁宝桢曾经上奏朝廷："所借之银，今生难以奉还，有待来生含环以报。"光绪皇帝看罢丁宝桢的这道奏本，感叹地说："遽闻溘逝，悼惜殊深。"赐丁宝桢太子太保，谥文诚，并令山东、四川、贵州各省建祠祭祀。而慈禧太后也亲书"国之宝桢"以示悼念。

丁宝桢死后，山东父老联名具奏朝廷，请求将他的灵柩运回山东安葬。身边的随从随员们聚集在一起拿出钱帮助办理丧事，扶柩回乡才得以成行。其子丁体常等遵从父亲之遗命，为了不扰民，由水路扶丧。次年秋，灵柩回归济南。士绅百姓"郊野祭吊，军民悼哭"。光绪十三年（1887年）九月二十五日，丁宝桢安葬于历城的丁家林地元配谌夫人墓的东侧（今济南历城区全福立交桥东）。

阎敬铭

清正尚朴，"救时宰相"

阎敬铭理财有道，为官清廉耿介，是我国历史上为数不多的理财专家之一，有"救时宰相"之称。

阎敬铭

阎敬铭（1817年—1892年），字丹初，陕西朝邑（今属陕西省大荔县）人。清道光二十五年（1845年）进士，选翰林庶吉士，散馆改户部主事。官至户部尚书、军机大臣、东阁大学士。曾任山东巡抚，卒后赠太子少保，谥文介。

在清代山东巡抚中，阎敬铭是一位具有传奇色彩的人物，《清史稿·列传二百二十五》上说他"状貌短小，二目一高一低，恂恂如乡老"，但他为官刚正廉洁、不畏权贵，办事一丝不苟、兢兢业业。"阎敬铭其貌不扬，而心雄万夫。综覆名实，居心正大"是对他有知遇之恩的晚清重臣胡林翼保举他时的考语。他是中国历史上为数不多的理财专家，在光绪年间有"救时宰相"之誉称。

他少年时勤奋好读，秉直敢言，二十八岁考中进士，选翰林院庶吉士，后任户部主事。其行事公正不阿，发现户部掌管文书的老书吏，借权受贿大量白银，不仅自己花钱捐官，还为子弟捐官。阎敬铭经核实后，命隶役杖责。那个老书吏说："士可杀，不可辱。"阎答："你所作所为，可称士耶？"将其杖责后，老书吏的后台王大臣顿生恨意，命人细查阎敬铭有否不当之行，却查不出一桩。

湖北巡抚胡林翼闻其贤名，让他总管湖北前线粮台营务。阎敬铭兢兢业业，两袖清风，不仅穿着俭朴，所吃的饭菜也极其简单。平日所吃的是粗茶淡饭，即便是请客，他也毫不铺张。清代徐珂《清稗类钞·廉俭类》记载：一次，新学政上任，阎敬铭设家宴招待，"所设皆草具，中一碟为干烧饼也，文介（阎敬铭谥号）擘而啖之，若有余味。"那位新学政大人却根本咽不下去，以致"终席不下一箸，故强之，勉尽白饭半盂"。事后，这位学政大人对外人说："此岂是请客，直祭鬼耳！"

湖北总督官文势大滔天，横行不法。他的一个副将见了姿色出众的民女，欲强抢，民女不从，被他乱刀砍死。受害者父母悲愤中到武昌府告状，湖北大小官员都吓得不敢升堂，阎敬铭闻此事，派差役去抓行凶者。副将闻讯逃到总督府，阎求见，官文拒绝接见，阎敬铭二话不说，带上铺盖在总督府过道上一躺，对门公说："官大人一天不交出犯人，我就在此耗上一天，挪窝没门。"

官文知阎敬铭办事认真，有一股倔劲，便让新上任的湖北巡抚严树森与武昌知府李宗寿向阎敬铭说情。阎敬铭不为所动，条件是交出凶手。官文无奈，三天后将副将交出，阎敬铭命差役剥光其衣服，当众

陕西大荔县丰图义仓的阎敬铭塑像

杖四十，然后发落充军至边。这事让大小官员都为他捏了一把汗，暗中称赞其刚直耿介。

因精于理财，政绩卓著，六十五岁的阎敬铭升任户部尚书，掌管国家财政。他布衣敝车上任后，立即亲查档房账目与库银，发现领办、会办、总办官员居然连算账、看账都不会，当即上奏："满员多不谙筹算，事权半委胥吏，弄虚作假风盛，今后南北档房非用汉员不可。"由于清朝库款困乏，慈禧只得勉强同意此奏。

阎敬铭细查三库，发现银库差役、司官无不贪污，弊端累累。他清查了两百余年的库存与出纳账目，将当时户部的"四大金刚"及旗人贪官——"革职回籍"。这场整顿风暴，还查出军机大臣王文韶、景廉等大肆受贿八万两白银大案，景、王降职处分，太常寺卿周瑞卿革职赔赃，流放三千里，户部侍郎、工部侍郎也因失察而降职罚薪，成为近代史上一件大案。

由于阎敬铭整顿钱粮、理财有功，他在陕西建起"丰图义仓"，慈禧誉为"天下第一仓"。光绪九年，他兼任兵部尚书，兴办新

丰图义仓是中国所存无几的清代大型粮仓之一

疆屯田，后出任军机大臣，总理各国事务衙门，晋升协办大学士。光绪十一年，授东阁大学士（相当于宰相），时人称其"救时宰相"。

慈禧六十大寿前，决定大兴土木，重修"清漪园"（后改颐和园），以此大肆庆贺，光绪不敢反对，请慈禧圣裁，慈禧便问阎敬铭："你说呢？"阎敬铭当即回答："禀太后，钱是拿不出来。"他见慈禧脸色一沉，毫不犹豫把朝廷花费与结余讲得一清二楚，慈禧见状，便令翁同龢将没开工的停下来，又对阎敬铭说："这下你该轻松了？"不想阎敬铭还是愣愣地回答："请太后停了修园工程，我才轻松。"令慈禧心生恨念，将阎革职留任。

阎敬铭因不肯迎合慈禧而辞官，光绪再三挽留，阎敬铭不为所动，四次上书而告老返乡。他于光绪十八年（1892年）卒于山西寓所，享年七十五岁，谥号"文介"，介者，耿直也。

阎敬铭一生"质朴，以廉洁自矫厉"。他做官多年，一直穿一件布袍，不管周围人如何评论，他都毫不在乎，以致出门在外，人们竟不知他是朝廷大员。据清代文学家李伯元《南亭笔记》卷

阎敬铭故居

六记载："阎巡抚山东时，以俭约著。尝使其夫人纺绩于大堂之后，僚属诣谒者，惟闻暖阁旁机声轧轧而已。尝冬月衣一絮袍，出示僚属曰：此贱内手弹者也。僚属无不叹服。"

民国李详在《药裏慵谈》中也记述了阎敬铭倡导生活俭朴的品德："（阎）官山东巡抚日，躬御布袍，着靴，下缎上布。州县及候补人员，衣服有鲜明者，必遭呵斥，或则撤任，或则停委。人皆相习为伪，衣冠敝陋。怀胡饼坐官厅啖之，公密访得，至加优保。有齐河县某，御狐袍谒见，公盛怒云：'汝何得如此？想是百姓脂膏。且汝独不闻吾有条教榜示官厅否？'某令故为戁觫状云：'诚负罪，但卑职此袍价视羊皮廉。省中比承大人之示，同寅皆争购羊皮褂。狐皮骤落，故卑职以贱价具此。凡今之寅僚，出御羊皮，入御狐貂，但以取悦上台，其心殊不可问，卑职不敢附和。'公色霁谢之，列诸

阎敬铭行楷联

荐章，数年由直隶州擢知府去。"

作为清代著名清官兼理财家，后人评阎敬铭"质朴，以廉洁自矫厉，虽贵，望之若老儒，善理财"。

在阎敬铭的言传身教下，阎氏家风在其后代身上得到了传承。阎敬铭有三个儿子。长子以举人入仕，官声清廉；次子不仕，务农守业；三子阎乃竹考中进士，官至山西河东道道员，是维新变法的有力支持者。

阎乃竹深受父亲"治生不求富，读书不求官"这一家训的影响，出仕为官不以获取个人的功名利禄为目的，而是时刻关心民族和国家的命运。阎乃竹曾随总理各国事务衙门大臣张荫桓出访欧洲，并因表现突出而受到嘉奖。戊戌变法中，阎乃竹是维新派的重要骨干，与康有为关系密切，与"戊戌六君子"之一杨深秀是换帖兄弟。他创办了"关西学会"，

山西运城永济市虞乡镇楼上村，有一座不事雕琢、自然质朴的庭院，是晚清重臣阎敬铭及其后人的居所

参加了"保国会"，一心挽救颓败的清政府。变法失败后，他对朝廷也彻底失望，毅然挂冠回家，在王官峪隐居起来。阎乃竹还把父亲所作的《不气歌》刻在了家中照壁上——"他人气我我不气，我本无心他来气""我今尝过气中味，不气不气真不气"。在其中，我们既可以读出阎敬铭父子坦荡的胸怀，也可以读出他们有意为国出力却难以抵抗黑暗时局的无奈之心。

武　震

竭忠尽智，造福一方

身在千山顶上头，突岩深缝妙香稠。非无脚下浮云闹，来不相知去不留。

——清·郑板桥《题画兰》

武震（1832年—1893年），字峙东，约在乾隆初年，其曾祖武兴德自山西洪洞迁至山东历城。武震早年父亡家贫，与母亲相依为命。但他自幼聪慧，七岁能文，十六岁为生员，咸丰八年（1858年）中举，同治元年（1862年）考充内阁中书，进京从政。

同治四年（1865年）武震考中进士，到吏部文选司学习，等待"铨选"，后被选授四川巫山知县。《续修历城县志》载："巫邑地瘠民贫，士风浇薄，俗健讼，案牍辄盈尺。震教养兼施，巫民渐化。"巫山地处偏远，民穷地薄。境内有坪龙坝，滩流湍急，经常有船在此倾覆。他带人实地考察，组织民众开凿其外口，治理险滩，自此民众行船得保无虞。

随后，武震接受了一项重大任务——为北京天坛采伐建造望灯杆所需的木材。他率人历尽艰辛，用时六年，将"皇木"运到北京。慈禧太后亲书"庆"字赏赐，"授二品衔，以道员候补"。今天我们参观天坛时，现存唯一一根望灯杆即是这位济南籍官吏

清末济南府

武　震：竭忠尽智，造福一方

太原任乂擬冀甫道篆兩次應升缺出均斬不予適夔寒疾遂請
開缺歸任班候補其年卒於太原紀雲性好讀書平時手不釋卷
三十歲前手鈔本及雜著盈篋捻匪過濟南時正館於灤口鎮賊
至不及徒盡散失存者惟賑人新編二卷
武震字峙東世山西洪洞人曾祖與德始遷歷城父玉麟見一
行傳震幼慧七歲能文十六歲補諸生咸豐八年畢於鄉考取內
閣中書同治四年進士官吏部主事改知縣選授四川巫山縣巫
邑地瘠民貧士風澆薄俗健訟案牘輒盈尺震教養兼施巫民漸
化巫峽之衝有坼龍壩灘流急每敗舟震相度縈其外口行旅以
安大府重之委探辦　皇木跋涉山川于役六載考績以道員候

選加二品銜旋授湖北鹽法道時曾匪滋事震計擒其渠解散首
從又預爲弭盜之策人皆歸業漢口爲鄂省巨鎮與武昌對峙中
隔大江商賈往來每乘小划渡江猝遇風浪恆有覆舟之險民病
涉震捐廉製官渡巨舟數伩乘永久至今商民德之
調漢黃德道適有教案英人要挾百端震援例爭之辯駁數旬幾
爲大府彈劾卒不爲動彭玉麟巡閱長江至漢口聞其事以爲有
瞻有識監督江漢關稅務商無留難稅震親往勘之爲陳利害曲
潰鄉民以爭改案訟關經年幾釀漢陽屬子貝淵隄
直兩造感悅而聽命事遂解兩權按察使治獄必平黃安民婦席
張氏被殺一案家屬俱被逮莫得正犯震親提研鞫兩日夜乃得

讀歷城志　卷四十　列傳二　二十二　濟南大公印務公司印

民国《续修历城县志》卷四十对武震的记载

留下的。

光绪七年（1881年），武震得授湖北盐法武昌道，不久调补汉黄德道，负责监督江汉关税务。他曾经两任汉黄德道道台，两任湖北按察使，前后十一年。在任期间，他捐出自己的"养廉银"，并筹措税款，以官府名义制作巨舟，方便民众渡江与商贾往来。还组建"水勇"数百人，在汉口诸地分驻防救，救火救灾，民众深感其德。在担任按察使的时候，湖北的"子贝渊"即洪湖地区，经常溃堤，溃堤之后需重新改筑，但许多官员对改筑一事模棱两可。武震对此异常气愤，张贴告示，督促总督、巡抚以及府县官员实地勘察，寻找妥善的解决办法。当时湖北汉口一带一些地方官根本不关心民间疾苦，致使大量案件积压。对此，武震深恶痛绝，他发出《通饬》（即通令），责令那些地方官"亟应通饬到该州府，转饬各州县，遵照。务将未结各案，作速传集人证，一律审明断结，以清积牍，如阳奉阴违，仍有久延不结之案，本署惟有按照新章程，决不敢宽！"他对普通民众充满同情，对官吏的腐败作风深感困惑和愤慨，在《通饬》中发问道："今日之本署司，即往昔之穷百姓，吾不知同寅诸君，昔日未为官时，亦是百姓与否？"

光绪十年（1884年）冬天，武震再任汉黄德道道台。到任之初，就因为安陆县人三毁洋房的教案与英国领事阿里巴什德屡次交锋，他对洋人和总督不卑不亢，据理力争。《续修历城县志》记载："调汉黄德道，适有教案，英人要挟百般，震援例争之，辩驳数旬，几为大府弹劾，卒不为动。"他的气节得到当时正直官吏的由衷赞叹，清末名将彭玉麟巡阅长江至汉口，闻其事，称赞他有胆有识，说："是真不愧监司也。"

事后，武震无意官场，递交辞呈，终因总督再三挽留，至光绪十六年（1890年）才辞官回到济南。

武震回到济南后，倡立"历城文社"，奖掖后进，为济南的文化和教育贡献力量。他还关心济南的围棋事业，在家中建立棋社，培养围棋人才。光绪年间，围棋国手周小松北上入京时，路经山东，被他留住，两人合编《新旧弈谱汇选》，收录清代前期和当时的棋局。

光绪年间，山东连年被水，黄河下游大部遭受水灾，他将家中除住宅之外的几乎所有财产捐献出来，赈灾救民，"山东河灾，捐资助赈，前后累巨万"。同时，他给早年的同僚、时任招商局总办的徐雨之去信，请他在上海为山东受灾民众募捐。

光绪十九年（1893年），武震去世，时年六十一岁。

吕宪瑞

实良政，善决断

吕宪瑞升任礼部精膳司主事，临行时囊空如洗，士民争相凑钱为其送行，他坚辞不受，得同僚资助方以成行，又怕士民强留，乘夜悄悄出发……

　　吕宪瑞（1833年—1897年）字辑堂，号芝岩。清代莱芜大芹村人。据《吕氏谱》记载，明洪武三年，吕姓由莱阳垦水庄迁此建村。嘉靖《莱芜县志》载，村庄原名禽村，吕姓迁此后厌其不雅，因村西野芹菜丛生，故改称芹村。后为避重名，易名大芹村（又名吕家芹村）。大芹村人杰地灵，英才辈出，吕宪瑞便是其中之一。

　　同治元年（1862年）吕宪瑞考中进士，任湖北家州知县。吕为人豪爽耿直，为政有才干谋略，善于决断。在湖北黄陂时，加强城防；在东湖任上，用秘计擒拿巨盗；到江陵任后，修复已经圮废数十年的"龙山书院"，新筑江堤数十里。当时禁教甚严，一次获教会名册，上载教徒数千名，若按此擒获，定能提拔重用。吕宪瑞认为入会者多为一般群众，按册逮治，定生冤滥，便将其名册焚毁，避免滥杀无辜。调署汉阳、蕲州、黄冈后，整肃吏治，强化社会治安。后调河南登封，到任正值饥荒，加上历任知县侵蚀，

大芹村的吕氏老宅，图片录自《凝固的音乐——莱芜古建筑集锦》

吕宪瑞：实良政，善决断

老成飛騰之期當不遠矣胡爲乎運方通而復塞僅越四載而仙
洲公以英年捐舘出生大痛曰家運之厄若此少者已先逝而老
者更何望爲逐絕意進取而意遠得小雅風人之旨或有不慊意者則
詩格取法香山言淺而歸旋里後授徒爲業暇則作爲詩歌以見意
焚去之因名其集曰焚餘詩草蓋亦無聊之極思也光緒十三年
芝巖先師任許州直隸州牧素重先生品學延入州署課其子侄
功課餘閒與先生詩酒唱和相得甚懽在署五年先生自撰其子侄
逐倦游而歸旋里後仍設舘於家四方之士以文字就正於先生
者甚衆　亦問業門下受益良多若先生者可謂博學能文終身
於教育界而衍舊學之傳者也自先生歿而吾族之足爲繼起者
罕見其人矣

萊蕪縣志　卷三四　　傳序表志　　三五　　濟南善成印務局承印

吕憲瑞先生傳
　　　　　　　　　　　　密昌墀

公諱憲瑞字輯堂號芝巖山東萊蕪人以進士起家州縣始官鄂
終於豫之許州牧性优爽質直視眈眈瞿瞿者則陋之官漢陽時
雅奇余文縣試日立考生於堂上手試卷竿吹之劣者輒筆抹口
訾聲震屬若遽攏然甚則且訾且目之至欲加夏楚睨頫汕簸簸
下乃已復出余五場卷壯誦至終篇聲琅琅震屋瓦堂上下皆
聳聽以爲奇且曰密秋天厚吾舊所未觀令渠介而齟若曹累
十萬騎不能追也時余未弱冠聞者慚且怒余坐是顏爲衆所嫉
然卒以薄劣有聲江漢間公提倡力也公爲政孤行已意不肯以

《续修莱芜县志》载《吕宪瑞先生传》

县库一空，吕宪瑞多方筹措，办赈务、抚流亡、给牛种、劝农桑、编保甲、建书院，使登封得治。

吕宪瑞又被调往调河南滑县，不久即升任礼部精膳司主事，自县衙离任时，囊空如洗，士民竞相凑钱为其送行，他坚辞不受，得同僚资助方成行。又怕士民强留，乘夜悄悄出发，充分体现了他一身正气、两袖清风的廉吏风范。

他因政绩卓著补任许州知州，到任后因所辖州县库银不足，属下商议削减各州县"平余"（即上缴正项钱粮时另给户部的部分，来源于赋税的加派，或另立名目加征），一半上缴国库，一半返还百姓。吕宪瑞认为此举不妥，当务之急应先解决州县库银短缺的问题，确保正常开支后略有剩余，不然的话，"贤者无以为治，而不贤者反有借口搜刮百姓，这是吏治之巨患"。再说名义减半

吕宪瑞墓志铭，由《山东通志》主纂孙葆田撰文，徐郙书丹。——录自《莱芜金石志》

归民，经胥吏之手，民众实际得不到，徒空名而已，不如令各属将此款量力报效，"无扰于民而少可裕国，官府亦不至于陷于重困，一举而三善备"。他的这一决定，充分体现了他作为一州之牧不弄虚作假，不欺上瞒下，既取信于上司、属下，又取信于民的高尚情操，令属官心悦诚服。"而后每遇大事皆由他一言定之"。

吕宪瑞一生勤俭持家，贷付有度，不该花的钱一分也不浪费，该花的钱挥斥千金也在所不惜，生前他向汶源书院捐助的经费数以万计。他的文章风格师承潘绍烈，著作有《菊花诗集》。他教子有方，其子吕相曾历任河南滑县、郏县知县，亦有政声。

光绪二十三年（1897年）吕宪瑞病逝。卒后崇祀乡贤。

李秉衡

从大侠"铜锤李"到"北直廉吏第一"

　　直隶总督曾国藩以及后任李鸿章对李秉衡颇为赏识，多次奏请朝廷给予其嘉奖，李秉衡也因廉能被誉为"北直廉吏第一"。

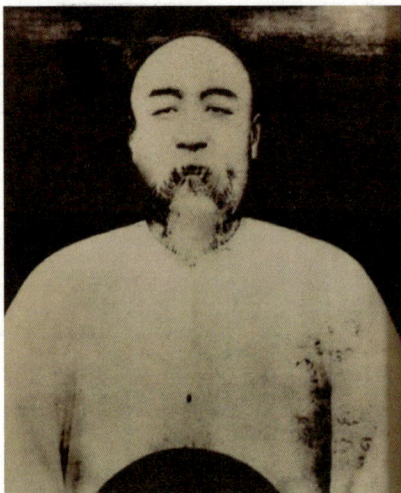

李秉衡

李秉衡（1830 年—1900年），字鉴堂，祖籍山东福山县（今烟台市福山区）。清乾隆年间，其曾祖由福山迁至奉天海城县岫岩厅南石嘴子村（今属辽宁省庄河市），李秉衡即生于此。曾任山东巡抚等职，在八国联军侵略中国时，率军英勇抵抗，最终自尽殉国。

李秉衡在父亲李辉德的教导下，自幼习文练武，长大以后保国安民。他精通各套拳术和十八般兵器，特别是双锤练得娴熟，在武林中颇有些名气，人送绰号"铜锤李"。他长时间跟随父亲在各地做官，与社会底层接触较多，经常下去体察民情，学习治国理政的本领。清咸丰六年（1856 年），父亲给他办理捐资入仕手续，并给他起字为"鉴堂"，取明镜高悬之意，希望儿子能做清官。

清咸丰六年（1860 年），清政府派李秉衡做静海县试任知县。静海县位于天津南部，不少京官家属住在那里，有些人依仗权势，无恶不作。李秉衡到任后，微服暗访，查清事实，秉公执法。有位官宦子弟横行乡里，手下豢养打手，没把这个小小的知县放在眼里。李秉衡察访时，这个恶霸招呼打手准备动粗，想给李秉衡一个下马威，结果被"铜锤李"三招两式，狠狠教训了一顿。最终，他严惩凶犯，平雪民冤，深得民众拥护和爱戴。由于政绩突出，他做了多地知县后升任蔚州知州、冀州知州、永平知府、平阳知府等职。每到一个地方都会铲锄豪强、整顿吏治、廉洁勤政，使当地百废尽举，民风大为好转。时任直隶总督曾国藩以及后任李鸿章对李秉衡颇为赏识，多次奏请朝廷给予其嘉奖，李秉衡也因廉洁勤政被誉为"北直廉吏第一"。

据民国十八年《冀县志》记载，李秉衡到冀州任官时，正是冬季，时逢连年灾荒，农田歉收，百姓生活很苦，粮食价格飞涨，社会秩序混乱。李秉衡初到冀州，就深入四乡，巡视察访，走到哪里，就召集哪里的父老百姓，了解灾情，询疾问苦，研究今后的工作办法和人们生活的出路问题，时常一人步行到一些村庄秘密私访，充分调查民情、施政利弊，做到心中有数。

针对现实情况，李秉衡决定由官府及时"出仓谷，赈饥民"。同时，鼓励民间村村户户动手，广开生产门路，搞生产自救，使民都有所业，业者均有所得。如号召民间纺棉花织土布，官家出高价收买其布匹，再由官家负责组织，运到外地出售。或卖回钱，或换回粮食，接济民生。同时，在本州乡间普遍设立义当（即当铺），以便贫民出当物品，换粮糊口，待年景好转，还可赎回。

李秉衡及时澄清灾情，替民

李秉衡故居的塑像

恳求上司缓征、赈免地亩钱粮，减轻农民负担，减少吏民劳役；有打官司告状等民事问题，不拖拉，随时断结，避免民众往返徒劳；教育班房衙役人等奉公守法，不要营私舞弊；"以事赴乡，费皆自备。相从胥吏，给以资"，不许敲诈百姓；对贪赃卖法之人，严惩无怠。过去，民人犯法，总是诛连全家及知己亲友，李秉衡到冀州后，提倡一人犯法一人当，"尤禁株累无辜之人"。但他对地痞、恶棍和屡教不改的盗贼、抢劫犯等人的处理，毫不手软。为稳定社会秩序，李秉衡让各村建立户口清册，农工商分类别业，不许有无业人口。远近村庄，联设巡更局、所，维持治安。

春季播种时节，李秉衡负责由临近州、县调来粮食籽种，由故乡东三省购来蔬菜、瓜果之类籽种，或卖、或借给群众，尽力帮助农民解决春播籽种的困难。秋季，发动农民捕蝗灭虫，使之尽快恢复农业生产，获得好收成。

他倡导人们"兴廉兴孝"，提倡节俭，反对铺张浪费，官府带头停建、缓建工程。原来冀州公署被火烧毁，计划开工重修，李秉衡到任后，停止修缮，暂借书院（县级中等学校）部分闲散房舍，居住办公。过后年成好转，他又觉得"书

李秉衡书法对联

升泰　字竹珊卓特氏蒙古正黄旗人入貲為員外郎銓户部出
知山西汾州府有政聲除河東道歷浙江按察使雲南布政使
光緒七年賞副都統銜充伊犁參贊大臣尋授內閣學士署烏
魯木齊都統與俄羅斯定阿爾泰山邊界原議不稍讓
十三年改充駐藏幫辦大臣時藏印爭界令升泰赴邊界與印
官議約十六年以升泰為全權大臣與印督定約八款自布坦
交界支莫挈山起至廓爾喀邊界止分藏哲界境歸英保護
是為藏印條款十八年卒於仁進闊

李秉衡　字鑑堂海城人父輝德舉人江蘇金山知縣秉衡以軍
功保知縣光緒五年知冀州歲饑發倉粟不給州俗重紡織布
賤為籌金求遠易糧歸而裁其價以招民獲甦越二年擢
主龍州西運局命藏局巡撫與馮子材分任戰守諒山之捷彭玉
麟等疏言兩臣直忠同得民心亦同功最盛予優敘仍命護撫
整營制舉賢能資遣越南游棄越事漸告寧乞病去二十年東
事棘召為山東巡撫師駐烟臺二十三年德國教士被戕德
坚迴龍免剛毅入都聯職王廷相力爭之徙督四川海靖請交
使海靖要覦棻廷薦王廷相自隨既至糾不職者數人皆廷
朝命秉衡詣奉天按事奏還會御史彭述疏請整飭長江水師詔使秉
相徹服所詬知者還會御史彭述疏請整飭長江水師詔使秉
衡往拏禍作請募師入衛命統張春發陳澤霖夏辛酉萬本華

民国《奉天通志》卷一百九十三对李秉衡的记载

院为育才之地"，便又抓紧时机重建府衙。

　　此后他曾被擢升为广东高廉道员、浙江按察使、广西按察使，亦曾于光绪十一年（1885 年），暂任护理广西巡抚兼布政使。光绪二十年（1894 年）五月，朝廷任命李秉衡为安徽巡抚，他尚未到任，这年的八月，中日甲午战争爆发，朝廷以山东为保卫京畿的重要屏障，调原任巡抚福润到安徽，改命李秉衡为山东巡抚。此后，李秉衡在光绪二十三年（1897 年）因"巨野教案"被罢官。后又经军机大臣刚毅举荐，奉诏巡阅整饬长江水师。光绪二十六年（1900 年）六月，八国联军进攻大沽时，李秉衡由江苏统兵北上，极力主战，受命帮办武卫军事务，统率四军保卫北京。八月，他在杨村（今武清县治）战败，退至通州（今通县）自杀。清廷赐谥"忠节"。

李秉衡是在中国近代史上起过重要作用的历史人物。他曾参与了中法战争、中日甲午战争和抗击八国联军等三次抗御外敌入侵的爱国战争，最终以身殉国。

对于李秉衡的一生，历史学家戚其章用两句话来概括：一是忠君爱国；一是勤政恤民。他任山东巡抚三年余，基本处在与日军作战，以及处理北洋海军后事和胶州湾事件的紧张事务中。他是一位很务实的官员，对治安、经济问题虽无全力顾及，却从未放弃，在他的领导下山东机器局卓有成效，在战争中得到发展。他的身上体现着一位地方官员守土有责、守土尽责，恪尽职守的为官理念。

位于大连市庄河市的李秉衡故居

后　记

　　2023 年，按照市委的统一部署，市纪委监委机关、市委党史研究院（市地方史志研究院）在全市范围内联合开展了"清风史话"主题史料征集整理工作。

　　这项工作始终坚持以习近平新时代中国特色社会主义思想为指导，深入贯彻落实党的二十大精神和习近平总书记关于廉洁文化建设、党史史志工作的系列重要论述，坚持"以史鉴今、资政育人"，以深化"泉城廉洁记忆"、深度打造"泉城清风"廉洁文化品牌为标杆，以弘扬优秀传统文化、传承廉洁基因为导向，以搜集整理、研究论证、开发利用为路径，全面搜集整理济南廉洁文化史料，深入研究挖掘廉洁思想，创新廉洁文化利用载体，高质量推进新时代廉洁文化建设和史志文化"两创"实践，构建新时代党史史志高质量发展新优势，为加快新时代社会主义现代化强省会建设贡献智慧和力量。

　　本书的编纂，便是这项工作的重要组成部分。本书通过全面梳理地方史志、历史文献、文化古迹、民间文献中的廉洁文化资源，突出历史上济南籍或在济为政的古圣先贤、清官廉吏嘉言懿行及其相关廉政故事、遗闻逸事等，深入挖掘其中蕴含的克己修身、立德践廉、勤政为民、崇廉拒腐的优秀品质及廉洁基因，以期在全市党员干部开展廉政教育、传承廉洁文化、弘扬清风正气方面，提供先贤模范。

本书在编纂过程中，得到了各区县纪委监委机关、党史史志研究中心的大力支持和积极配合，收获了大量基础性历史资料，通过对区域范围内历史资料的挖掘整理，也丰富了当地历史文化特别是优秀官箴文化、红色文化的内容，为新时代廉洁文化建设提供了素材。

在"清风史话"主题资料征集工作中，社会各界和热心人士广泛参与，提供珍贵资料，积极建言献策，为本书的编纂做出了贡献。本书成稿后，特别邀请了刘书龙等济南的文史专家进行了审稿。

最后，对所有为本书的编纂和出版付出心血和辛勤劳动的人员一并表示致谢！